2014

中国火炬统计年鉴

CHINA TORCH STATISTICAL YEARBOOK

科技部火炬高技术产业开发中心 编

Edited By
Torch High Technology Industry
Development Center
Ministry of Science & Technology

图书在版编目（CIP）数据

中国火炬统计年鉴. 2014 : 汉英对照 / 科技部火炬高技术产业开发中心编. -- 北京 : 中国统计出版社, 2014.9

ISBN 978-7-5037-7253-5

Ⅰ. ①中… Ⅱ. ①科… Ⅲ. ①高技术产业－统计资料－中国－2014－年鉴－汉、英 Ⅳ. ①F279.244.4-54

中国版本图书馆 CIP 数据核字(2014)第 192914 号

2014 中国火炬统计年鉴

作　　者/科技部火炬高技术产业开发中心
责任编辑/郭　栋　李　冲
封面设计/李雪燕
出版发行/中国统计出版社
通信地址/北京市丰台区西三环南路甲 6 号　邮政编码/100073
电　　话/邮购（010）63376909　书店（010）68783171
网　　址/http://csp.stats.gov.cn
印　　刷/北京联兴盛业印刷股份有限公司
经　　销/新华书店
开　　本/880×1230mm　1/16
字　　数/300 千字
印　　张/9.75
版　　别/2014 年 10 月第 1 版
版　　次/2014 年 10 月第 1 次印刷
定　　价/180.00 元

如有印装错误，由本社发行部负责调换。

《2014 中国火炬统计年鉴》
CHINA TORCH STATISTICAL YEARBOOK-2014

编辑委员会
Editorial Board

编者说明

《2014中国火炬统计年鉴》是由科技部火炬高技术产业开发中心编撰的反映中国火炬计划、技术市场、全国生产力促进中心等相关内容的统计资料书。全书收录了全国 45 个省、市级科技部门和各国家高新区以及苏州工业园区 2013 年度的相关统计数据。

全书内容分十个部分。第一部分为国家高新技术产业开发区内企业的情况；第二部分为全国高新技术企业的情况；第三部分为国家级火炬计划项目的执行情况；第四部分为科技企业孵化器的情况；第五部分为全国技术市场发展情况；第六部分为全国生产力促进中心的发展情况；第七部分为国家大学科技园的发展情况；第八部分为火炬计划软件产业基地的发展情况；第九部分为火炬计划特色产业基地的发展情况；第十部分为主要指标解释。

需要说明的是，本书在第四部分科技企业孵化器、第六部分全国生产力促进中心、第七部分国家大学科技园和第九部分火炬计划特色产业基地中改变了以往单独列出国家级科技企业孵化器、国家级示范生产力促进中心、国家大学科技园和国家火炬计划特色产业基地等个体指标数据的做法，而是以各省、市、自治区的归口认定管理单位为单元来汇总各有关机构的地区发展情况。在第五部分全国技术市场中增加了国家技术转移示范机构的相关数据，以供有关人员参考。

本书所涉及东部、中部、西部和东北地区的具体划分为：

东部地区：包括北京、天津、河北、上海、江苏、浙江、福建、山东、广东和海南等 10 个省市；中部地区：包括山西、安徽、江西、河南、湖北和湖南等 6 个省市；西部地区：包括内蒙古、广西、重庆、四川、贵州、云南、西藏、陕西、甘肃、青海、宁夏和新疆等 12 个省市；东北地区：包括辽宁、吉林和黑龙江等 3 个省。

本书中使用的符号：“空格”表示该项统计指标数据不足本表最小单位数、数据不详或无该数据；“#”表示其中的主要项；“/”表示数据未提供，“*”或“①”表示本表下有注解。

本书中因小数取舍而产生的误差均未做配平处理。

EDITOR'S NOTES

China Torch Statistical Yearbook-2014 is prepared by Torch High Technology Industry Development Center. The yearbook, which covers the series data of 45 Provincial Level Science and Technology Departments, National High Technology Industrial Development Zones, and Suzhou Industrial Park of the year 2013, reports on the development status of China Torch Program, China's Technology Market and Productivity Promotion Centers.

The Yearbook contains the following ten parts: 1.Development of National High Technology Industrial Development Zones(Hi-tech Zones) and its tenants; 2.Development of High Technology Enterprises in China; 3.Development of National Torch Program Projects; 4.Development of Technology Business Incubators; 5.Development of Technology Market in China; 6.Development of Productivity Promotion Centers in China; 7.Development of National University Science Parks; 8.Torch Program Software Industrial Bases; 9.Torch Program Specialized Industrial Bases; 10.Explanatory Notes of Indicators.

It should be pointed out here that we have changed the format of presenting statistics concerning the fourth part Technology Business Incubators, the sixth part Productivity Promotion Centers, the seventh part National University Science Parks, and the ninth part Torch Program Specialized Industrial Bases from listing individual data of each organizations at the national level to presenting summary data concerning each type of organizations by regions, i.e., provinces, municipal cities, or autonomous regions whose departments of S&T are responsible for identifying and recommending the organizations to be ratified as state-level ones. We have also added statistics concerning National Technology Transfer Centers in Part 5 Development of Technology Market in China for the information of parties concerned.

Eastern region, central region, western region and northeastern region in the Yearbook are divided as following:

Eastern region include 10 provinces (municipalities): Beijing, Tianjin, Hebei, Shanghai, Jiangsu, Zhejiang, Fujian, Shandong, Guangdong and Hainan; Central region includes 6 provinces: Shanxi, Anhui, Jiangxi, Henan, Hubei and Hunan; Western region includes 12 provinces (autonomous regions and municipalities): Inner Mongolia, Guangxi, Chongqing, Sichuan, Guizhou, Yunnan, Tibet, Shaanxi, Gansu, Qinghai, Ningxia and Xinjiang; Northeastern region includes 3 provinces: Liaoning, Jilin and Heilongjiang.

Symbols used in this Yearbook: "blank space" indicates that the figure is not large enough to be measured with the smallest unit in the table, or data unknown, or not available; "#" indicates the major items of the total; "/" indicates that data are not available; and "*" or "①" indicates footnotes at the end of the table.

Statistical discrepancies due to rounding are not adjusted in the Yearbook.

目　录

Contents

第一部分　国家高新技术产业开发区

THE FIRST PART　NATIONAL HIGH TECHNOLOGY INDUSTRIAL DEVELOPMENT ZONES （NATIONAL HI-TECH ZONES）

第二部分　全国高新技术企业
THE SECOND PART　HIGH TECHNOLOGY ENTERPRISES IN CHINA

第三部分　国家火炬计划项目
THE THIRD PART　NATIONAL TORCH PROGRAM PROJECTS

第四部分　科技企业孵化器
THE FOURTH PART　TECHNOLOGY BUSINESS INCUBATORS (TBIS)

第五部分 全国技术市场

THE FIFTH PART TECHNOLOGY MARKET IN CHINA

第六部分 全国生产力促进中心
THE SIXTH PART PRODUCTIVITY PROMOTION CENTERS (PPCS) IN CHINA

第七部分 国家大学科技园

THE SEVENTH PART NATIONAL UNIVERSITY SCIENCE PARKS

第八部分 火炬计划软件产业基地

THE EIGHTH PART TORCH PROGRAM SOFTWARE INDUSTRIAL BASES

第九部分　火炬计划特色产业基地
THE NINTH PART　TORCH PROGRAM SPECIALIZED INDUSTRIAL BASES

第一部分

国家高新技术产业开发区

The First Part

National High Technology Industrial Development Zones (National Hi-tech Zones)

1-1 高新区企业主要经济指标[①]

Main Economic Indicators of Enterprises in National Hi-tech Zones

年 份 Year	国家高新区数 (个) Number of National S & T Industrial Parks (unit)	入统企业数 (个) Number of Enterprises to Collect Data (unit)	年末从业人员 (万人) Year End Number of Employees (10000 person)	总收入 (亿元) Total Income (100 million yuan)	工业总产值 (亿元) Gross Industrial Output Value (100 million yuan)	净利润 (亿元) Net Profit (100 million yuan)	上缴税额 (亿元) Taxes Submitted (100 million yuan)	出口创汇 (亿美元) Export (100 million USD)
1995	52	12980	99.1	1529.0	1402.6	107.4	69.0	29.3
1996	52	13722	129.1	2300.3	2142.3	140.5	97.7	43.0
1997	53	13681	147.5	3387.8	3109.2	206.6	143.3	64.8
1998	53	16097	183.7	4839.6	4333.6	256.2	220.8	85.3
1999	53	17498	221.0	6775.0	5944.0	398.7	338.6	119.0
2000	53	20796	250.9	9209.3	7942.0	597.0	460.2	185.8
2001	53	24293	294.3	11928.4	10116.8	644.6	640.4	226.6
2002	53	28338	348.7	15326.4	12937.1	801.1	766.4	329.2
2003	53	32857	395.4	20938.7	17257.4	1129.4	990.0	510.2
2004	53	38565	448.4	27466.3	22638.9	1422.8	1239.6	823.8
2005	53	41990	521.2	34415.6	28957.6	1603.2	1615.8	1116.5
2006	53	45828	573.7	43320.0	35899.0	2128.5	1977.1	1361.0
2007	54	48472	650.2	54925.2	44376.9	3159.3	2614.1	1728.1
2008[②]	56	52632	716.5	65985.7	52684.7	3304.2	3198.7	2015.2
2009	56	53692	810.5	78706.9	61151.4	4465.4	3994.6	2007.2
2010	83	55243	960.3	105917.3	84318.2	6855.4	5446.8	2648.0
2011	88	57033	1073.6	133425.1	105679.6	8484.2	6816.7	3180.6
2012	105	63926	1269.5	165689.9	128603.9	10243.2	9580.5	3760.4
2013	114	71180	1460.2	199648.9	151367.6	12443.6	11043.1	4133.3

注：①本年鉴中高新区企业的各项指标指纳入火炬统计的高新区内企业的各项指标。

②苏州工业园区于2008年开始参加国家高新区创新活动，纳入火炬统计，但是苏州工业园数据单列，不包括在国家高新区综合汇总数据中，国家高新区2008年是56+1的格局，目前是114+1的格局。

1-2 高新区企业主要经济指标(按地区分类)

Main Economic Indicators of Enterprises in National Hi-tech Zones by Region

地 区	Region	工商注册企业数(个) Number of Registered Enterprises (unit)	入统企业数(个) Number of Enterprises to Collect Data (unit)	高新技术企业数(个) Number of Hi-tech Enterprises (unit)	年末从业人员(人) Year End Number of Employees (person)	总收入(千元) Total Income (1000 yuan)	工业总产值(千元) Gross Industrial Output Value (1000 yuan)
合 计	**Total**	**520486**	**71180**	**21795**	**14601730**	**19964888311**	**15136756825**
北京中关村	Beijing Zhongguancun	45260	15455	7005	1898756	3049743311	789031379
天津滨海	Tianjin Binhai	7547	3175	443	342824	567444977	311953067
石家庄	Shijiazhuang	3920	608	154	102204	150341484	100267989
保 定	Baoding	3577	169	53	90687	94432062	94089356
唐 山	Tangshan	2305	122	40	17407	11704984	11934377
燕 郊	Yanjiao	3633	181	25	29461	48568227	40636068
承 德	Chengde	787	27	6	7746	5948576	5988217
太 原	Taiyuan	3200	1097	112	117835	160480784	138032227
包 头	Baotou	3693	517	58	118069	129969143	132051136
呼和浩特	Hohhot	305	29	5	64593	53298525	15151340
沈 阳	Shenyang	10221	783	152	147864	182169852	147154015
大 连	Dalian	5393	2035	268	205300	228414967	165035991
鞍 山	Anshan	2260	547	49	87796	206917588	186619250
营 口	Yingkou	599	288	32	44455	49758974	51081844
辽 阳	Liaoyang	232	32	6	35177	83888245	63977034
本 溪	Benxi	852	114	15	25347	19074506	18894011
阜 新	Fuxin	854	179	15	22495	18486483	20836364
长 春	Changchun	3554	729	96	161469	487859000	463567440
吉 林	Jilin	2130	529	20	113435	109991089	108450354
延 吉	Yanji	187	187	3	14228	25102517	25073053
长春净月	Changchun Jingyue	2272	911	9	120819	91243076	65571480
通 化	Tonghua	406	52	9	10216	54081221	43627661
哈尔滨	Harbin	3681	310	163	163435	198938500	153194171
大 庆	Daqing	3025	480	91	108024	207293321	178293627
齐齐哈尔	Qiqihaer	234	43	17	26387	23022361	20043541
上海张江	Shanghai Zhangjiang	21114	2806	1024	722450	1136891298	666581639
上海紫竹	Shanghai Zizhu	516	85	35	19241	34067541	15129480
南 京	Nanjing	6576	365	307	203336	431087735	405629930
常 州	Changzhou	20299	976	311	168827	214665456	206592196
无 锡	Wuxi	16743	1234	273	342885	294106371	289396303
苏 州	Suzhou	16120	1100	277	234070	282580693	272555920
泰 州	Taizhou	3656	290	19	36492	71859145	73098642
昆 山	Kunshan	14339	892	188	287957	200328548	198696110
江 阴	Jiangyin	583	183	88	101200	177873565	162024000
武 进	Wujin	4446	333	90	88593	65834212	67599711
徐 州	Xuzhou	671	115	37	43498	54047102	48350252
南 通	Nantong	3091	368	77	85326	112856344	88028581
杭 州	Hangzhou	13046	1832	503	254257	279872238	161043405
宁 波	Ningbo	6280	381	165	120403	193795392	100483385
绍 兴	Shaoxing	4202	208	23	38154	21038851	20658229
温 州	Wenzhou	992	336	100	70069	38209457	40108629
衢 州	Quzhou	1607	174	66	50698	51735219	47765625
合 肥	Hefei	5724	530	454	156427	297647188	269342430
蚌 埠	Bengbu	1187	268	92	54375	62279926	65417180
芜 湖	Wuhu	453	190	62	43397	64635888	68191616
马鞍山	Ma'anshan	1778	125	61	29586	62401798	51695975
福 州	Fuzhou	249	184	85	62202	67354348	70231169
厦 门	Xiamen	1533	410	293	156963	198528460	191591979
泉 州	Quanzhou	2377	190	73	67432	44063273	57903377
莆 田	Putian	330	113	9	51683	35416828	35809243
漳 州	Zhangzhou	1804	161	44	48932	32142751	32449682
南 昌	Nanchang	2446	370	95	108688	143619084	133278200
景德镇	Jingdezhen	805	145	11	56727	75073791	75678654
新 余	Xinyu	1015	153	13	41386	56371323	55275392
鹰 潭	Yingtan	458	93	12	22459	39303281	38865947

1-2 续表 1 continued 1

地 区	Region	净利润（千元）Net Profit (1000 yuan)	上缴税费（千元）Taxes Submitted (1000 yuan)	出口创汇（千美元）Export (1000 USD)	年末资产（千元）Year End Assets (1000 yuan)	年末负债（千元）Year End Liabilities (1000 yuan)
合 计	**Total**	**1244360313**	**1104307212**	**413334519**	**26031784152**	**14785114228**
北京中关村	Beijing Zhongguancun	190819773	150662974	33616674	5062195323	2847242656
天津滨海	Tianjin Binhai	57742505	18795188	10582441	659491176	339553033
石家庄	Shijiazhuang	9121856	7438389	1125121	186716367	105088236
保 定	Baoding	386188	5782019	1554369	127899478	78406615
唐 山	Tangshan	838242	842438	104389	15675530	7478013
燕 郊	Yanjiao	1867565	2618409	101524	37520171	23881697
承 德	Chengde	406918	589792	7534	9050118	5621265
太 原	Taiyuan	2800142	5038628	285949	233557514	169325857
包 头	Baotou	11656257	7486602	1979783	149772552	92568081
呼和浩特	Hohhot	3273789	2966479		44661511	23477052
沈 阳	Shenyang	11930141	8877255	2129651	228630554	116274543
大 连	Dalian	15929953	11211129	6523036	377268984	237836112
鞍 山	Anshan	20276858	14008438	1230842	103215811	64972518
营 口	Yingkou	2422132	1630624	1433824	35708784	24346965
辽 阳	Liaoyang	3174095	6462726	1645901	84189627	44194162
本 溪	Benxi	1791454	2090562	105563	10116176	4904427
阜 新	Fuxin	977595	482721	28434	16575393	10760403
长 春	Changchun	44357866	62035714	553608	301323144	167841021
吉 林	Jilin	-1852920	9450484	290277	76820985	28334136
延 吉	Yanji	2130644	7466596	164637	18963997	10386504
长春净月	Changchun Jingyue	11335976	4978281	1222833	100670226	46878299
通 化	Tonghua	2533755	796434	17500	28781827	8168451
哈尔滨	Harbin	7036532	14613976	1286275	327092619	223073176
大 庆	Daqing	13772556	13216241	239293	69238327	36159534
齐齐哈尔	Qiqihaer	1171817	870577	497958	20423183	12302669
上海张江	Shanghai Zhangjiang	72892799	59567645	31275337	1556657596	800114099
上海紫竹	Shanghai Zizhu	6940047	3482346	779331	51773358	17650947
南 京	Nanjing	18586079	18097247	8032460	1275748858	856976932
常 州	Changzhou	9536834	8214839	5942327	224500977	129880219
无 锡	Wuxi	12159903	10818445	18639651	293772263	134669284
苏 州	Suzhou	9889812	8391923	23892385	236067165	137143033
泰 州	Taizhou	3552609	5256671	1051672	40004626	18427010
昆 山	Kunshan	6970003	8009883	6036991	159922803	90172769
江 阴	Jiangyin	7321155	10176957	4897811	105080171	61012551
武 进	Wujin	5492112	2698369	1611420	80952418	45304813
徐 州	Xuzhou	3452633	2490758	171432	34726649	13773980
南 通	Nantong	6694076	5386894	3671164	127502458	70570166
杭 州	Hangzhou	28140586	17113972	5125579	381747415	200076219
宁 波	Ningbo	10102837	5218212	6884487	167407797	96085340
绍 兴	Shaoxing	658117	912544	754967	30380219	18042420
温 州	Wenzhou	1626818	1701509	883416	41206603	25617722
衢 州	Quzhou	2749391	1858217	567187	1859167282	1045997795
合 肥	Hefei	31086505	36025518	6577447	306689208	151355625
蚌 埠	Bengbu	3726742	4061181	695078	67442493	35777228
芜 湖	Wuhu	3067714	2278756	650439	49202167	29254937
马鞍山	Ma'anshan	2059895	1721117	473460	76880494	46348710
福 州	Fuzhou	4329307	2161839	3856782	56889201	28458853
厦 门	Xiamen	5861385	9407601	20483224	130389685	78984988
泉 州	Quanzhou	3316084	1761814	712332	82715734	49276291
莆 田	Putian	1087410	375379	120770	13104447	5676256
漳 州	Zhangzhou	1856520	1020560	1114825	31603857	22503311
南 昌	Nanchang	4919543	13215014	1979472	116350972	69287645
景德镇	Jingdezhen	2237065	3276399	879760	74696490	56002807
新 余	Xinyu	2276312	1707168	679813	59573988	34247520
鹰 潭	Yingtan	1110073	1518853	41177	19101207	2946109

1-2 续表 2 continued 2

地 区	Region	工商注册企业数（个）Number of Registered Enterprises (unit)	入统企业数（个）Number of Enterprises to Collect Data (unit)	高新技术企业数（个）Number of Hi-tech Enterprises (unit)	年末从业人员（人）Year End Number of Employees (person)	总收入（千元）Total Income (1000 yuan)	工业总产值（千元）Gross Industrial Output Value (1000 yuan)
济 南	Jinan	9611	559	216	236254	283106233	202414450
青 岛	Qingdao	2312	200	142	132558	197064945	154915947
淄 博	Zibo	3069	450	114	119197	226752801	215273313
潍 坊	Weifang	5102	473	155	144318	196473633	161071206
威 海	Weihai	5088	221	71	102533	123313735	122014303
济 宁	Jining	4235	442	195	167464	241790092	226488531
烟 台	Yantai	1919	253	52	55874	35544612	36507867
临 沂	Linyi	1805	355	24	66045	88900898	88052141
泰 安	Taian	1320	318	39	71475	50033409	46543026
郑 州	Zhengzhou	19445	755	152	175040	308582909	268952800
洛 阳	Luoyang	2249	708	81	110120	155393758	124322077
南 阳	Nanyang	1406	164	13	43714	25602630	25310208
安 阳	Anyang	775	219	15	46567	42009124	31023241
新 乡	Xinxiang	1185	149	20	45029	57020012	52417804
武 汉	Wuhan	21047	2883	698	419022	651720742	508617382
襄 阳	Xiangyang	5909	622	137	138333	206884630	202783774
宜 昌	Yichang	1660	301	119	110354	169787317	176046865
孝 感	Xiaogan	1717	345	67	76737	83469531	82176568
荆 门	Jingmen	582	267	42	70346	79816536	80940984
长 沙	Changsha	2259	846	351	214835	338596761	320716321
株 洲	Zhuzhou	886	215	96	107439	134479514	142229008
湘 潭	Xiangtan	876	271	84	81049	115999789	111069832
益 阳	Yiyang	381	222	50	24447	51699213	47818904
衡 阳	Hengyang	831	80	23	36474	52313672	52462315
广 州	Guangzhou	5402	2313	885	454226	468017788	350141462
深 圳	Shenzhen	7410	1485	657	419616	465604243	481593982
珠 海	Zhuhai	3153	469	183	186348	180512602	173538590
惠 州	Huizhou	2858	313	72	171921	270766154	250427280
中 山	Zhongshan	12805	400	71	85455	164875825	159315834
佛 山	Foshan	782	612	237	288209	302742334	295372469
肇 庆	Zhaoqing	798	149	44	44341	71828149	72815734
江 门	Jiangmen	522	242	40	52154	29495271	29697647
东 莞	Dongguan	998	305	74	69314	75344845	70908774
南 宁	Nanning	6212	662	148	136822	120425218	104490920
桂 林	Guilin	8346	314	82	87948	69607000	70766929
柳 州	Liuzhou	3058	194	128	83939	139533610	134292318
海 口	Haikou	410	146	52	32438	30946431	31213342
重 庆	Chongqing	23116	855	148	191803	176221850	150233802
成 都	Chengdu	26198	1626	665	272326	481470240	366235988
绵 阳	Mianyang	2876	110	26	112769	90917601	112784782
自 贡	Zigong	4698	102	31	31777	37374385	38166556
乐 山	Leshan	299	85	41	30807	22399846	22249868
贵 阳	Guiyang	3526	501	125	216801	190846033	149784928
昆 明	Kunming	7173	286	176	67069	139911076	99908613
玉 溪	Yuxi	1071	41	17	18522	94982376	76746320
西 安	Xi'an	19771	3368	802	323328	662224164	515765444
宝 鸡	Baoji	4568	454	107	132399	146342099	146514609
杨 凌	Yangling	2022	144	14	16002	13880749	9613930
渭 南	Weinan	536	60	12	23205	31266123	33534716
咸 阳	Xianyang	282	64	15	13867	42053598	38669655
榆 林	Yulin	920	14	1	12671	27570877	27761187
兰 州	Lanzhou	2771	600	113	156211	140074771	86573201
白 银	Baiyin	221	157	16	92335	68179717	64440207
青 海	Qinghai	407	57	14	11630	7782203	12278543
银 川	Yinchuan	109	59		9196	13360253	13470158
石 嘴 山	Shizuishan	112	94	5	21137	18581312	15493686
乌鲁木齐	Urumqi	6506	267	84	69689	110700560	51608652
昌 吉	Changji	274	87	13	10886	21848922	20246366
新疆兵团	Xinjiang Corps	40	18	8	15603	22982713	19903598

1-2 续表 3 continued 3

地　区	Region	净利润（千元）Net Profit (1000 yuan)	上缴税费（千元）Taxes Submitted (1000 yuan)	出口创汇（千美元）Export (1000 USD)	年末资产（千元）Year End Assets (1000 yuan)	年末负债（千元）Year End Liabilities (1000 yuan)
济　南	Jinan	19908837	27108547	4825366	363132052	225328691
青　岛	Qingdao	14644227	13237389	3376452	190858745	127979765
淄　博	Zibo	11983559	19353899	2706929	171669642	77292956
潍　坊	Weifang	15873369	14414631	2994328	195574395	122294457
威　海	Weihai	8944010	7241811	4517073	110962331	38508810
济　宁	Jining	12586071	9419669	1804712	201658532	101403207
烟　台	Yantai	2281894	1977292	772071	128233021	86389872
临　沂	Linyi	5750517	3545160	967880	25859751	12751779
泰　安	Taian	3300747	2809126	382336	67954044	44656169
郑　州	Zhengzhou	17504134	15370434	1124762	341137556	115706746
洛　阳	Luoyang	11774702	9883923	1016504	176340646	97030676
南　阳	Nanyang	1873009	1058034	338667	31834990	17340399
安　阳	Anyang	1827819	1772591	200438	31596157	23531246
新　乡	Xinxiang	8409689	1513056	326515	37686240	11879928
武　汉	Wuhan	39468368	32085911	10472879	804208685	441435604
襄　阳	Xiangyang	16748055	10085629	798355	141600298	77776343
宜　昌	Yichang	7670056	4353712	963369	197480486	127972084
孝　感	Xiaogan	3001617	2274980	182107	55272367	27327588
荆　门	Jingmen	4544419	1689152	345443	47816240	26534788
长　沙	Changsha	22600275	16480446	2469898	464611276	269841329
株　洲	Zhuzhou	7204091	7334764	1117668	142824108	72887786
湘　潭	Xiangtan	2396588	2913761	861275	124858493	82362202
益　阳	Yiyang	1583377	1460133	279464	20878046	10388945
衡　阳	Hengyang	1732608	1632628	1140761	33168657	19447176
广　州	Guangzhou	36722304	17748735	23819630	518341426	276007550
深　圳	Shenzhen	37351403	27183667	16855526	549814149	311581849
珠　海	Zhuhai	12916768	9642055	12078605	223208760	147450164
惠　州	Huizhou	8606296	10856758	21865855	142597990	86317811
中　山	Zhongshan	12779393	5098042	8987055	103615286	63349444
佛　山	Foshan	20994868	10588504	11663071	260633195	118299889
肇　庆	Zhaoqing	1521603	1632898	743096	56729870	29662981
江　门	Jiangmen	1220097	1137412	1005428	28658386	14850074
东　莞	Dongguan	293513	1393015	2913267	60645365	43809328
南　宁	Nanning	7272904	4955545	1409063	86444257	45888810
桂　林	Guilin	6771627	3771202	485119	66123861	36453908
柳　州	Liuzhou	5404640	7250501	826915	117057632	85935352
海　口	Haikou	2095566	3493440	484254	43871117	19432447
重　庆	Chongqing	14441912	6531234	3475904	188283041	104541101
成　都	Chengdu	46098488	25324215	16485765	555457147	336355879
绵　阳	Mianyang	1548536	3957675	1564411	98581752	68364728
自　贡	Zigong	1807408	2142558	796643	49609337	31145704
乐　山	Leshan	1576757	1055398	869186	39372906	23236141
贵　阳	Guiyang	11636886	7567549	3038283	311036164	192388609
昆　明	Kunming	3211458	6494635	568088	203192063	130149620
玉　溪	Yuxi	6905146	48564843	3598	93517155	23617393
西　安	Xi'an	43999880	48001457	7880206	1040660548	638640612
宝　鸡	Baoji	6231210	7753068	692914	130882821	74031998
杨　凌	Yangling	409971	494388	21561	16353423	10078801
渭　南	Weinan	2305562	1557608	320103	48837368	17137367
咸　阳	Xianyang	1302741	6419305	105395	15312439	6593662
榆　林	Yulin	2860419	1676505	735784	26530053	11821251
兰　州	Lanzhou	4141370	8455032	249899	403281128	264544840
白　银	Baiyin	918948	1779842	501702	86166425	54842708
青　海	Qinghai	367674	370620	1611	15106973	4789315
银　川	Yinchuan	1239072	122763	296168	22565155	14081146
石嘴山	Shizuishan	819976	794968	194600	27688408	9018717
乌鲁木齐	Urumqi	2141167	2215503	3140814	139621906	84601830
昌　吉	Changji	1923336	703079	44410	35345848	18574090
新疆兵团	Xinjiang Corps	1307323	216209	15729	42606062	28739559

1-3 高新区企业收入情况(按地区分类)
Revenue Statistics of Enterprises in National Hi-tech Zones by Region

单位：千元 (1000 yuan)

地 区	Region	总收入 Total Income	技术收入 Technical Income	产品销售收入 Product Sales Income	商品销售收入 Commodity Sales Income
合 计	**Total**	**19964888311**	**1514110856**	**15072309182**	**1782342611**
北京中关村	Beijing Zhongguancun	3049743311	403242950	1078844956	1133959889
天津滨海	Tianjin Binhai	567444977	62173600	310608247	76742323
石 家 庄	Shijiazhuang	150341484	26980585	97897957	19673090
保 定	Baoding	94432062	45285	93559794	61761
唐 山	Tangshan	11704984	926739	10458317	26764
燕 郊	Yanjiao	48568227	83449	46679859	279393
承 德	Chengde	5948576	284	5630251	5290
太 原	Taiyuan	160480784	9492625	141662686	7021571
包 头	Baotou	129969143	2586311	123932204	165181
呼和浩特	Hohhot	53298525	7883	52918387	
沈 阳	Shenyang	182169852	27282490	135985425	9585576
大 连	Dalian	228414967	30479949	168533837	6387996
鞍 山	Anshan	206917588	12219380	192614101	69657
营 口	Yingkou	49758974		48887510	2406
辽 阳	Liaoyang	83888245		65853603	17024078
本 溪	Benxi	19074506	260545	18712346	86988
阜 新	Fuxin	18486483	99320	18351266	
长 春	Changchun	487859000	14489876	464881353	3600638
吉 林	Jilin	109991089	1366281	107874756	
延 吉	Yanji	25102517	348389	24328565	44948
长春净月	Changchun Jingyue	91243076	15008468	75553600	183881
通 化	Tonghua	54081221		54028254	225
哈 尔 滨	Harbin	198938500	15307578	157822701	11273835
大 庆	Daqing	207293321	13382165	168566382	366724
齐齐哈尔	Qiqihaer	23022361	56849	20649922	1220460
上海张江	Shanghai Zhangjiang	1136891298	66085975	740301320	86865253
上海紫竹	Shanghai Zizhu	34067541	1907811	17345143	4620274
南 京	Nanjing	431087735	8366877	388609895	18757172
常 州	Changzhou	214665456	2823360	207472202	1437734
无 锡	Wuxi	294106371	4529232	283258962	801251
苏 州	Suzhou	282580693	14900059	265100856	766554
泰 州	Taizhou	71859145	601727	66745113	3661899
昆 山	Kunshan	200328548	52739	197185242	341120
江 阴	Jiangyin	177873565	131396	153341937	430702
武 进	Wujin	65834212	457308	64861677	9729
徐 州	Xuzhou	54047102	1219949	43193804	5485198
南 通	Nantong	112856344	2253910	82910257	946594
杭 州	Hangzhou	279872238	72071426	175008415	20540918
宁 波	Ningbo	193795392	14307060	89981896	79991088
绍 兴	Shaoxing	21038851	11868	20738611	
温 州	Wenzhou	38209457	36854	37500376	266507
衢 州	Quzhou	51735219	12650	46959324	249545
合 肥	Hefei	297647188	45407802	230447965	1635330
蚌 埠	Bengbu	62279926	876823	57891843	29040
芜 湖	Wuhu	64635888	540653	54313937	8974254
马 鞍 山	Ma'anshan	62401798	358857	60204585	532219
福 州	Fuzhou	67354348	2064019	61817633	293640
厦 门	Xiamen	198528460	2380578	194527006	499611
泉 州	Quanzhou	44063273	108581	39661037	477642
莆 田	Putian	35416828		35397996	
漳 州	Zhangzhou	32142751	115	31746909	3968
南 昌	Nanchang	143619084	3885015	132515403	1832533
景 德 镇	Jingdezhen	75073791	150982	73595247	325667
新 余	Xinyu	56371323		56046121	
鹰 潭	Yingtan	39303281		39224821	
济 南	Jinan	283106233	40086716	241002716	1219747
青 岛	Qingdao	197064945	788357	175655672	9914615

单位：千元 (1000 yuan)

地区	Region	总收入 Total Income	技术收入 Technical Income	产品销售收入 Product Sales Income	商品销售收入 Commodity Sales Income
淄博	Zibo	226752801	10270593	211376938	2674855
潍坊	Weifang	196473633	7361582	177333179	2643902
威海	Weihai	123313735	7289	122171087	79857
济宁	Jining	241790092	297706	228339588	2274401
烟台	Yantai	35544612	394018	34757918	101695
临沂	Linyi	88900898	9128	87090231	
泰安	Taian	50033409	181684	45879871	383359
郑州	Zhengzhou	308582909	22385467	258321142	3287767
洛阳	Luoyang	155393758	17104320	123522598	1762375
南阳	Nanyang	25602630	909273	23291469	
安阳	Anyang	42009124	99108	31064689	9818405
新乡	Xinxiang	57020012	16026	52352025	
武汉	Wuhan	651720742	93945702	524010961	9580322
襄阳	Xiangyang	206884630	14479832	189815625	165243
宜昌	Yichang	169787317	146111	160884070	1434
孝感	Xiaogan	83469531	87967	81615692	138552
荆门	Jingmen	79816536	266072	78996830	
长沙	Changsha	338596761	16246366	304058341	5660420
株洲	Zhuzhou	134479514	1472096	126237706	2135639
湘潭	Xiangtan	115999789	124652	103077202	70843
益阳	Yiyang	51699213	2990751	47060526	500508
衡阳	Hengyang	52313672	50	51906597	15946
广州	Guangzhou	468017788	76015505	353988537	23684721
深圳	Shenzhen	465604243	71041221	367041843	13209197
珠海	Zhuhai	180512602	2949177	169536783	369661
惠州	Huizhou	270766154	123103	251224900	793614
中山	Zhongshan	164875825	12113846	143394057	5883283
佛山	Foshan	302742334	11988831	281628275	2527121
肇庆	Zhaoqing	71828149	3944	68293244	855
江门	Jiangmen	29495271	33461	28061533	161836
东莞	Dongguan	75344845	330572	69724159	2836181
南宁	Nanning	120425218	13707645	101455054	1696486
桂林	Guilin	69607000	8309493	59476281	228456
柳州	Liuzhou	139533610	2177156	129783466	92273
海口	Haikou	30946431	87888	30210732	93998
重庆	Chongqing	176221850	30640405	136981191	776390
成都	Chengdu	481470240	96572026	369543483	1830072
绵阳	Mianyang	90917601	172793	88871955	143267
自贡	Zigong	37374385	134427	36299981	207524
乐山	Leshan	22399846	34708	21895547	30495
贵阳	Guiyang	190846033	2672370	144541719	19098495
昆明	Kunming	139911076	3585988	114931057	5600817
玉溪	Yuxi	94982376	122879	69329970	20215046
西安	Xi'an	662224164	57513541	434491856	36473931
宝鸡	Baoji	146342099	702581	131675827	2896829
杨凌	Yangling	13880749	4023738	8876235	833523
渭南	Weinan	31266123	6746	17528874	13323324
咸阳	Xianyang	42053598	10854	38090284	3810567
榆林	Yulin	27570877		27568904	
兰州	Lanzhou	140074771	6289695	81061910	11155488
白银	Baiyin	68179717	22380	66338476	759844
青海	Qinghai	7782203	123	7764943	
银川	Yinchuan	13360253		13323145	
石嘴山	Shizuishan	18581312	2974	15423732	1945374
乌鲁木齐	Urumqi	110700560	1652105	41545851	31515934
昌吉	Changji	21848922	10452	21626122	148502
新疆兵团	Xinjiang Corps	22982713	2740	18214771	11507

1-4 高新区企业人员情况(按地区分类)

Personnel Statistics of Enterprises in National Hi-tech Zones by Region

单位：人 (person)

地区	Region	年末从业人员 Year End Number of Employees	留学归国人员 Returned Overseas Scholars	外籍常驻人员 Foreign Personnel in Residence	大专以上 College and Higher Level	中高级职称 Senior and Mid-Level Professional Titles
合　计	**Total**	**14601730**	**97434**	**49341**	**7599399**	**1749664**
北京中关村	Beijing Zhongguancun	1898756	19763	10699	1361268	304936
天津滨海	Tianjin Binhai	342824	2520	3208	214540	39352
石家庄	Shijiazhuang	102204	408	88	78943	22738
保　定	Baoding	90687	58	55	46466	5101
唐　山	Tangshan	17407	39	212	8596	1614
燕　郊	Yanjiao	29461	48	77	10530	2333
承　德	Chengde	7746	3		3626	599
太　原	Taiyuan	117835	196	46	57444	22261
包　头	Baotou	118069	1444	93	72180	16222
呼和浩特	Hohhot	64593	7	7	35238	920
沈　阳	Shenyang	147864	1660	1281	95259	26288
大　连	Dalian	205300	4708	1408	133908	39501
鞍　山	Anshan	87796	239	9	38731	15535
营　口	Yingkou	44455	93	19	9547	1104
辽　阳	Liaoyang	35177	3	1	9099	3059
本　溪	Benxi	25347	72	55	17180	2046
阜　新	Fuxin	22495	116	76	5391	1445
长　春	Changchun	161469	1038	465	87908	16606
吉　林	Jilin	113435	98		59143	14617
延　吉	Yanji	14228	11	35	4355	793
长春净月	Changchun Jingyue	120819	769	135	92087	29131
通　化	Tonghua	10216	580		3623	1005
哈尔滨	Harbin	163435	168	68	88998	26239
大　庆	Daqing	108024	48	67	51216	17178
齐齐哈尔	Qiqihaer	26387	12		9378	4492
上海张江	Shanghai Zhangjiang	722450	9633	5244	406879	74546
上海紫竹	Shanghai Zizhu	19241	1527	336	15514	1712
南　京	Nanjing	203336	603	1329	109935	20362
常　州	Changzhou	168827	615	1082	63566	9488
无　锡	Wuxi	342885	3978	2251	144646	27602
苏　州	Suzhou	234070	481	576	118768	15571
泰　州	Taizhou	36492	306	107	12209	1566
昆　山	Kunshan	287957	317	1424	60240	5005
江　阴	Jiangyin	101200	200	136	22413	4419
武　进	Wujin	88593	187	225	29220	3890
徐　州	Xuzhou	43498	234	37	21079	1927
南　通	Nantong	85326	97	34	54390	7415
杭　州	Hangzhou	254257	1763	831	178776	26901
宁　波	Ningbo	120403	551	103	49661	8181
绍　兴	Shaoxing	38154	56	18	7951	1839
温　州	Wenzhou	70069	499	85	14305	1896
衢　州	Quzhou	50698	11	44	15767	6179
合　肥	Hefei	156427	4115	1421	101301	22449
蚌　埠	Bengbu	54375	106	365	22428	5406
芜　湖	Wuhu	43397	110	80	17425	3698
马鞍山	Ma'anshan	29586	18	16	11483	4012
福　州	Fuzhou	62202	77	141	32469	5170
厦　门	Xiamen	156963	672	511	72100	22194
泉　州	Quanzhou	67432	124	41	14999	2132
莆　田	Putian	51683	121	42	3158	108
漳　州	Zhangzhou	48932	17	72	9497	985
南　昌	Nanchang	108688	214	145	61786	14286
景德镇	Jingdezhen	56727	148	26	14004	4097
新　余	Xinyu	41386	9	10	5200	1326
鹰　潭	Yingtan	22459	142	74	2794	764
济　南	Jinan	236254	550	287	147579	32038
青　岛	Qingdao	132558	403	109	74256	15863

1-4 续表 continued

单位：人 (person)

地区	Region	年末从业人员 Year End Number of Employees	留学归国人员 Returned Overseas Scholars	外籍常驻人员 Foreign Personnel in Residence	大专以上 College and Higher Level	中高级职称 Senior and Mid-Level Professional Titles
淄博	Zibo	119197	113	18	66252	16330
潍坊	Weifang	144318	500	197	79775	14220
威海	Weihai	102533	539	367	40263	8961
济宁	Jining	167464	233	93	63634	17251
烟台	Yantai	55874	130	141	20179	3920
临沂	Linyi	66045	46	18	14463	3385
泰安	Taian	71475	17	31	32893	5253
郑州	Zhengzhou	175040	2096	594	121860	27041
洛阳	Luoyang	110120	294	280	66260	19650
南阳	Nanyang	43714	68	5	17110	4405
安阳	Anyang	46567	163	12	16994	3695
新乡	Xinxiang	45029	24	23	15193	3554
武汉	Wuhan	419022	2516	933	278883	88417
襄阳	Xiangyang	138333	594	335	55320	21330
宜昌	Yichang	110354	77	82	39183	10686
孝感	Xiaogan	76737	257	235	21800	7053
荆门	Jingmen	70346		2	26716	6162
长沙	Changsha	214835	1435	349	122278	25366
株洲	Zhuzhou	107439	258	125	59342	16692
湘潭	Xiangtan	81049	292	40	31479	8215
益阳	Yiyang	24447	322	125	12610	3188
衡阳	Hengyang	36474	12	75	11284	3473
广州	Guangzhou	454226	2028	1614	261660	49542
深圳	Shenzhen	419616	1905	628	283582	54279
珠海	Zhuhai	186348	415	744	63670	12282
惠州	Huizhou	171921	152	406	34043	6410
中山	Zhongshan	85455	1494	713	41442	20944
佛山	Foshan	288209	2442	544	86732	15770
肇庆	Zhaoqing	44341	122	39	12007	1986
江门	Jiangmen	52154	51	102	9321	670
东莞	Dongguan	69314	180	103	23988	3279
南宁	Nanning	136822	146	17	54907	15244
桂林	Guilin	87948	144	56	30811	7663
柳州	Liuzhou	83939	184	62	33561	6996
海口	Haikou	32438	451	113	12334	1431
重庆	Chongqing	191803	1423	1209	68358	20816
成都	Chengdu	272326	8901	953	200882	47696
绵阳	Mianyang	112769	26	48	30888	5188
自贡	Zigong	31777	72	62	9244	2956
乐山	Leshan	30807	36	17	8336	1731
贵阳	Guiyang	216801	69	250	77413	18259
昆明	Kunming	67069	179	54	35455	9328
玉溪	Yuxi	18522	37	3	8977	1894
西安	Xi'an	323328	3069	2072	266519	104053
宝鸡	Baoji	132399	106	31	52592	14821
杨凌	Yangling	16002	110	6	7023	1591
渭南	Weinan	23205	50	13	9104	2179
咸阳	Xianyang	13867	24	7	5915	1689
榆林	Yulin	12671	1		6133	793
兰州	Lanzhou	156211	1331	24	59658	18990
白银	Baiyin	92335	102	5	20102	3677
青海	Qinghai	11630	25		4489	1243
银川	Yinchuan	9196	8		1874	153
石嘴山	Shizuishan	21137	20	5	6707	1327
乌鲁木齐	Urumqi	69689	141	49	33976	6974
昌吉	Changji	10886	18	5	5650	967
新疆兵团	Xinjiang Corps	15603	1	1	7823	454

1-5 国家高新区企业R&D活动与科技活动情况(按地区分类)

R&D and Science and Technology Activities Statistics of Enterprises in National Hi-tech Zones by Region

地 区	Region	科技活动人员(人) Personnel Engaged in Science and Technology Activities (person)	R&D人员(人) R&D Personnel (person)	R&D人员全时当量(人年) R&D Personnel Full Time Equivalent (man year)	科技活动经费内部支出(千元) Intramural Expenditures on Science and Technology Activities (1000 yuan)	R&D经费内部支出(千元) Intramural Expenditure on R&D (1000 yuan)
合 计	**Total**	**2585911**	**1525008**	**1159233**	**564344593**	**348883944**
北京中关村	Beijing Zhongguancun	411088	152772	124858	103436528	45634449
天津滨海	Tianjin Binhai	62910	32594	14583	17442837	8437114
石家庄	Shijiazhuang	23122	15799	14736	4985846	3648967
保 定	Baoding	20498	14812	14074	4226086	2962337
唐 山	Tangshan	3944	2178	831	362617	207336
燕 郊	Yanjiao	2308	984	614	432137	251364
承 德	Chengde	890	479	344	126554	91338
太 原	Taiyuan	18779	10240	4832	3695078	2350611
包 头	Baotou	15566	12065	11888	2194437	1370992
呼和浩特	Hohhot	479	297	179	731534	688945
沈 阳	Shenyang	23824	14225	11341	4205260	2878285
大 连	Dalian	39349	15746	13240	8433189	4828869
鞍 山	Anshan	15661	11763	11161	5750369	4550968
营 口	Yingkou	1026	711	618	195380	158562
辽 阳	Liaoyang	2133	1378	374	781084	501775
本 溪	Benxi	1748	1692	1500	325525	309247
阜 新	Fuxin	1396	846	800	173050	76911
长 春	Changchun	24545	6878	5878	8175694	1082524
吉 林	Jilin	8096	6849	7642	1670576	1156186
延 吉	Yanji	347	177	105	128696	23801
长春净月	Changchun Jingyue	11941	4277	3582	1105767	398243
通 化	Tonghua	1974	1370	902	149684	98687
哈尔滨	Harbin	24389	16989	12675	5344346	4316070
大 庆	Daqing	13989	5984	1431	4828369	925720
齐齐哈尔	Qiqihaer	5786	4617	2195	575649	436785
上海张江	Shanghai Zhangjiang	167327	84171	69937	47726468	26480985
上海紫竹	Shanghai Zizhu	7424	1972	1388	2147454	608846
南 京	Nanjing	55180	26805	23289	10827604	4988235
常 州	Changzhou	22093	13601	11291	4765169	2937137
无 锡	Wuxi	42319	20216	17971	6338689	3580942
苏 州	Suzhou	35260	26707	25974	6030290	4648377
泰 州	Taizhou	3436	2523	1238	849993	555364
昆 山	Kunshan	19758	12819	10166	3273914	2299718
江 阴	Jiangyin	8701	6407	6612	2481556	1668107
武 进	Wujin	11705	9441	7773	1647911	1310822
徐 州	Xuzhou	4883	2483	2212	843037	450235
南 通	Nantong	6329	4872	4253	3914763	3367077
杭 州	Hangzhou	67219	47892	53386	14756523	11330622
宁 波	Ningbo	14950	11018	10623	3069323	2105078
绍 兴	Shaoxing	2017	996	780	266566	126762
温 州	Wenzhou	5272	3727	3109	700151	506792
衢 州	Quzhou	5919	3216	2315	1014313	652194
合 肥	Hefei	54595	32678	23918	11027313	6460576
蚌 埠	Bengbu	12260	10262	7895	2033621	1745877
芜 湖	Wuhu	7395	4343	2682	1830493	1391571
马鞍山	Ma'anshan	5684	4000	2964	1439238	930571
福 州	Fuzhou	15800	7222	7030	1957186	983718
厦 门	Xiamen	23586	18595	14978	4857149	4313030
泉 州	Quanzhou	6151	2194	1376	796603	427704
莆 田	Putian	1645	573	23	343985	162650
漳 州	Zhangzhou	5160	3106	2627	567628	401265
南 昌	Nanchang	23889	15540	7857	4174848	2935853
景德镇	Jingdezhen	5380	3174	1607	1054592	599598
新 余	Xinyu	1182	578	444	204985	104752
鹰 潭	Yingtan	1077	661	454	175828	96590
济 南	Jinan	34923	25427	22013	6624598	5541146
青 岛	Qingdao	20291	15036	8284	7941293	6822764

1-5 续表 continued

地 区	Region	科技活动人员(人) Personnel Engaged in Science and Technology Activities (person)	R&D人员(人) R&D Personnel	R&D人员全时当量(人年) R&D Personnel Full Time Equivalent (man year)	科技活动经费内部支出(千元) Intramural Expenditure on Science and Technology Activities (1000 yuan)	R&D经费内部支出(千元) Intramural Expenditure on R&D (1000 yuan)
淄 博	Zibo	20540	17317	16818	3637591	2668072
潍 坊	Weifang	24741	18221	12348	5291202	3888848
威 海	Weihai	13935	9847	8392	2930983	2229618
济 宁	Jining	17247	9636	5826	3583528	1611363
烟 台	Yantai	4155	2879	1483	904096	630914
临 沂	Linyi	3153	2690	2131	1538002	1369007
泰 安	Taian	8579	5095	3059	1391183	838330
郑 州	Zhengzhou	73502	57621	19326	14290164	12154261
洛 阳	Luoyang	34492	33841	24739	6167640	6072994
南 阳	Nanyang	6641	5613	3440	610301	513324
安 阳	Anyang	2846	2042	2042	234051	194147
新 乡	Xinxiang	4052	2349	1904	859062	600418
武 汉	Wuhan	112656	86400	53600	20421678	16869740
襄 阳	Xiangyang	21010	20651	20061	4841374	4801169
宜 昌	Yichang	14416	11847	6114	3684214	3130874
孝 感	Xiaogan	7892	4118	1609	1131140	601603
荆 门	Jingmen	5843	5560	5257	667506	647348
长 沙	Changsha	54609	34472	32336	9538482	4804382
株 洲	Zhuzhou	21528	17856	13470	5098898	4280654
湘 潭	Xiangtan	8151	3529	2394	2210668	1008799
益 阳	Yiyang	2915	1172	962	1352600	540366
衡 阳	Hengyang	4282	3298	1507	769389	588486
广 州	Guangzhou	107645	50772	42382	16576840	9490232
深 圳	Shenzhen	116220	62894	52480	25008614	16806877
珠 海	Zhuhai	31819	31170	24773	6589848	6537424
惠 州	Huizhou	13894	8240	7360	3733287	2508599
中 山	Zhongshan	11802	10527	9151	4046409	3829544
佛 山	Foshan	39144	31613	14065	5478572	4459521
肇 庆	Zhaoqing	5438	3718	2766	610420	376620
江 门	Jiangmen	3538	2138	1284	450800	291824
东 莞	Dongguan	13244	11279	6706	2664282	2364991
南 宁	Nanning	16342	11684	12278	2917758	2104538
桂 林	Guilin	9164	5524	2627	1263772	711875
柳 州	Liuzhou	16520	10834	9540	3805508	2795187
海 口	Haikou	6226	4061	3141	898538	555838
重 庆	Chongqing	18463	9410	6197	3206434	1889652
成 都	Chengdu	77656	33745	24845	22042229	11283822
绵 阳	Mianyang	14327	10333	9032	2609456	1939000
自 贡	Zigong	4185	1660	1278	969994	326274
乐 山	Leshan	3595	2079	1077	441583	187961
贵 阳	Guiyang	25308	14749	10656	4671598	2697137
昆 明	Kunming	9902	5790	5019	3015454	1529558
玉 溪	Yuxi	2158	1456	250	541090	385629
西 安	Xi'an	87818	56608	40465	18351645	12957178
宝 鸡	Baoji	20770	13537	6704	3465555	2344902
杨 凌	Yangling	1251	735	604	166592	109055
渭 南	Weinan	1930	1080	937	192692	88385
咸 阳	Xianyang	1893	1467	825	218879	176580
榆 林	Yulin	896	168	45	98411	39439
兰 州	Lanzhou	8973	5003	2761	886374	366718
白 银	Baiyin	3763	2399	1431	542520	261514
青 海	Qinghai	644	447	180	79096	58445
银 川	Yinchuan	927	552	139	180804	98250
石 嘴 山	Shizuishan	1528	1214	844	329197	254019
乌鲁木齐	Urumqi	3921	1959	959	972550	334814
昌 吉	Changji	1148	817	468	472767	415600
新疆兵团	Xinjiang Corps	2079	1313	294	531899	341180

1-6 高新区企业主要经济指标(按登记注册类型分类)

Main Economic Indicators of Enterprises in National Hi-tech Zones by Registration Category

企业登记注册类型 Registration Category	入统企业数 (个) Number of Enterprises to Collect Data (unit)	高新技术企业数 (个) Number of Hi-tech Enterprises (unit)	年末从业人员 (人) Year End Number of Employees (person)	总收入 (千元) Total Income (1000 yuan)	工业总产值 (千元) Gross Industrial Output Value (1000 yuan)	出口创汇 (千美元) Export (1000 USD)
合计 Total	**71180**	**21795**	**14601730**	**19964888340**	**15136756849**	**413334531**
#国有企业 State-owned Enterprises	1774	663	1200331	2119664886	1507262453	20489757
集体企业 Collective-owned Enterprises	456	58	147919	200427813	166068800	2862287
股份合作企业 Cooperative Enterprises	518	150	93603	141226286	141557605	1550944
联营企业 Joint Ownership Enterprises	211	73	44633	42678160	35684236	826287
有限责任公司 Limited Liability Corporations	23753	7888	4119725	5802058472	3909348146	54758091
股份有限公司 Share-holding Corporations Ltd.	3484	2159	2227844	3318747310	2520385574	46340228
私营企业 Private Enterprises	29863	7718	2476967	2338338855	1897320789	28722947
港澳台投资企业 Enterprises with Funds from HongKong, Macao and Taiwan	3559	1167	1552768	1765922175	1428619839	68002443
外商投资企业 Foreign Funded Enterprises	7232	1854	2692618	4193792048	3497632331	189455874

1-6 续表 continued

单位：千元 (1000 yuan)

企业登记注册类型 Registration Category	净利润 Net Profit	上缴税费 Taxes Submitted	年末资产 Year End Assets	流动资产 Cureent Assets	年末负债 Year End Liabilities
合 计 Total	**1244360306**	**1104307265**	**26031784152**	**12873806146**	**14785114228**
#国有企业 State-owned Enterprises	113072998	166896382	5466133286	1515072811	3254190880
集体企业 Collective-owned Enterprises	17881633	14996316	163521949	104011284	109713361
股份合作企业 Cooperative Enterprises	7915102	6787646	157690756	105694922	81401021
联营企业 Joint Ownership Enterprises	1576786	1383318	60660254	25353950	31842658
有限责任公司 Limited Liability Corporations	336340512	304437099	7815758880	4242307336	4780876109
股份有限公司 Share-holding Corporations Ltd.	225696512	178078589	5120473671	2641036964	2645198805
私营企业 Private Enterprises	133441801	95850916	2297417172	1270825964	1255583666
港澳台投资企业 Enterprises with Funds from HongKong, Macao and Taiwan	134757849	79534065	1720818641	1057566688	900927638
外商投资企业 Foreign Funded Enterprises	270263023	254976617	3194603273	1892651771	1707397108

1-7　高新区企业收入情况(按登记注册类型分类)

Revenue Statistics of Enterprises in National Hi-tech Zones by Registration Category

单位：千元　(1000 yuan)

企业登记注册类型 Registration Category	总收入 Total Income	技术收入 Technical Income	产品销售收入 Product Sales Income	商品销售收入 Commodity Sales Income
合计 Total	**19964888340**	**1514110856**	**15072309209**	**1782342614**
#国有控股 State-owned Enterprises	2119664886	225952848	1523509391	189406767
集体企业 Collective-owned Enterprises	200427813	5444659	181874894	570284
股份合作企业 Cooperative Enterprises	141226286	4954627	131959490	1878378
联营企业 Joint Ownership Enterprises	42678160	4811475	34834657	528350
有限责任公司 Limited Liability Corporations	5802058472	536280770	3879744404	835579994
股份有限公司 Share-holding Corporations Ltd.	3318747310	206526586	2563057960	239095711
私营企业 Private Enterprises	2338338855	169731441	1865094410	171082697
港澳台投资企业 Enterprises with Funds from HongKong, Macao and Taiwan	1765922175	119461537	1420602627	120887723
外商投资企业 Foreign Funded Enterprises	4193792048	239763826	3438528099	216386135

1-8　高新区企业人员情况(按登记注册类型分类)

Personnel of Statistics Enterprises in National Hi-tech Zones by Registration Category

单位：人　(person)

企业登记注册类型 Registration Category	年末从业人员 Year End Number of Employees	留学归国人员 Returned Overseas Scholars	外籍常驻人员 Foreign Personnel in Residence	大专以上 College and Higher Level	中高级职称 Senior and Mid-Level Professional Titles
合计 Total	**14601730**	**97434**	**49341**	**7599399**	**1749664**
#国有企业 State-owned Enterprises	1200331	9553	1512	697504	265827
集体企业 Collective-owned Enterprises	147919	244	31	73189	18429
股份合作企业 Cooperative Enterprises	93603	456	121	49177	7856
联营企业 Joint Ownership Enterprises	44633	227	112	22307	5649
有限责任公司 Limited Liability Corporations	4119725	27695	11231	2249248	560493
股份有限公司 Share-holding Corporations Ltd.	2227844	10843	3419	1285961	303915
私营企业 Private Enterprises	2476967	14015	4848	1221408	241209
港澳台投资企业 Enterprises with Funds from HongKong, Macao and Taiwan	1552768	7738	6004	688218	108493
外商投资企业 Foreign Funded Enterprises	2692618	26277	21979	1292125	233780

1-9 高新区企业主要经济指标(按控股情况分类)

Main Economic Indicators of Enterprises in National Hi-tech Zones by Holdings

控股情况 Holdings	入统企业数(个) Number of Enterprises to Collect Data (unit)	高新技术企业数(个) Number of Hi-tech Enterprises (unit)	年末从业人员(人) Year End Number of Employees (person)	总收入(千元) Total Income (1000 yuan)	工业总产值(千元) Gross Industrial Output Value (1000 yuan)	出口创汇(千美元) Export (1000 USD)
合　计 Total	**71180**	**21795**	**14601730**	**19964888340**	**15136756849**	**413334531**
#国有控股 State Holding	6225	3066	4371806	8228432295	5694842354	84508440
集体控股 Collective Holding	1884	712	572569	758849045	614706887	9206525
私人控股 Private Holding	47825	13853	4967453	5148685970	4130206477	59429425
港澳台控股 Hong Kong, Macao and Taiwan Holding	2973	937	1332214	1459270477	1161857893	63619022
外商控股 Foreign Holding	5818	1347	2184673	3095066680	2548530233	174902636

1-9 续表 continued

单位：千元　　(1000 yuan)

控股情况 Holdings	净利润 Net Profit	上缴税费 Taxes Submitted	流动资产 Cureent Assets	年末资产 Year End Assets	年末负债 Year End Liabilities
合　计 Total	**1244360306**	**1104307265**	**12873806146**	**26031784152**	**14785114228**
#国有控股 State Holding	471001251	566947674	6067028455	14395397951	8523505109
集体控股 Collective Holding	61658730	40420638	428277790	965438757	594843889
私人控股 Private Holding	340029641	225870986	3214282113	5396856492	2897885905
港澳台控股 Hong Kong, Macao and Taiwan Holding	110627084	60869681	895751973	1424657657	736628722
外商控股 Foreign Holding	180994386	152794898	1430675084	2354409435	1223518329

1-10 国家高新区企业收入情况(按控股情况分类)

Revenue of Enterprises in National Hi-Tech Zones by Holdings

单位：千元 (1000 yuan)

控股情况 Holdings	总收入 Total Income	技术收入 Technical Income	产品销售收入 Product Sales Income	商品销售收入 Commodity Sales Income
合　计 **Total**	**19964888340**	**1514110856**	**15072309209**	**1782342614**
#国有控股 State Holding	8228432295	743425172	5683842785	892089303
集体控股 Collective Holding	758849045	33104516	626840490	60643516
私人控股 Private Holding	5148685970	334537871	4097930017	381557697
港澳台控股 Hong Kong, Macao and Taiwan Holding	1459270477	100659498	1169419251	101221761
外商控股 Foreign Holding	3095066680	207703103	2501956498	258881916

1-11 国家高新区企业人员情况(按控股情况分类)

Personnel Statistics of Enterprises in National Hi-Tech Zones by Holdings

单位：人 (person)

控股情况 Holdings	年末从业人员 Year End Number of Employees	留学归国人员 Returned Overseas Scholars	外籍常驻人员 Foreign Personnel in Residence	大专以上 College and Higher Level	中高级职称 Senior and Mid-Level Professional Titles
合　计 **Total**	**14601730**	**97434**	**49341**	**7599399**	**1749664**
#国有控股 State Holding	4371806	24962	8985	2470977	754289
集体控股 Collective Holding	572569	2423	1501	299239	70228
私人控股 Private Holding	4967453	32890	11075	2617066	547092
港澳台控股 Hong Kong, Macao and Taiwan Holding	1332214	6920	5362	583230	78280
外商控股 Foreign Holding	2184673	23463	20058	1052855	195210

1-12 高新区企业主要经济指标(按人员规模分类)

Main Economic Indicators of Enterprises in National Hi-tech Zones by the Number of Employees

人员规模 Number of Employee	入统企业数 (个) Number of Enterprises to Collect Data (unit)	高新技术企业数 (个) Number of Hi-tech Enterprises (unit)	年末从业人员 (人) Year End Number of Employees (person)	总收入 (千元) Total Income (1000 yuan)	工业总产值 (千元) Gross Industrial Output Value (1000 yuan)
合　计 Total	**71180**	**21795**	**14601730**	**19964888340**	**15136756849**
人数≥1000 the Number≥1000	2367	1316	7634445	11575556386	9341591149
500≤人数<1000 500≤the Number<1000	2680	1429	1861465	2285929024	1822897520
300≤人数<500 300≤the Number<500	3408	1726	1304947	1585967600	1150475232
100≤人数<300 100≤the Number<300	13021	5698	2229220	2580711640	1868351043
50≤人数<100 50≤the Number<100	12197	4492	862565	896557690	570999253
20≤人数<50 20≤the Number<50	16077	4779	519766	707984961	315980774
人数<20 the Number<20	21430	2355	189322	332181039	66461878

1-12 续表 continued

人员规模 Number of Employee	净利润 (千元) Net Profit (1000 yuan)	上缴税费 (千元) Taxes Submitted (1000 yuan)	出口创汇 (千美元) Export (1000 USD)	年末资产 (千元) Year End Assets (1000 yuan)	年末负债 (千元) Year End Liabilities (1000 yuan)
合　计 Total	**1244360306**	**1104307265**	**413334531**	**26031784152**	**14785114228**
人数≥1000 the Number≥1000	713162436	727828854	292253216	14130063008	8118734748
500≤人数<1000 500≤the Number<1000	170389263	115439427	43131692	2706054114	1469331884
300≤人数<500 300≤the Number<500	109702772	69867127	24520252	2682798006	1602254748
100≤人数<300 100≤the Number<300	161547861	107553441	39204098	3631989468	1998769041
50≤人数<100 50≤the Number<100	55714949	34854618	7070840	1216667582	650582501
20≤人数<50 20≤the Number<50	22101757	22034625	4934199	908284832	521626325
人数<20 the Number<20	11741268	26729173	2220234	755927142	423814981

1-13 高新区企业收入情况(按人员规模分类)

Revenue Statistics of Enterprises in National Hi-tech Zones by the Number of Employees

单位：千元 (1000 yuan)

人员规模 Number of Employee	总收入 Total Income	技术收入 Technical Income	产品销售收入 Product Sales Income	商品销售收入 Commodity Sales Income
合 计 Total	**19964888340**	**1514110856**	**15072309209**	**1782342614**
人数≥1000 the Number≥1000	11575556386	860766015	9276896907	549230316
500≤人数<1000 500≤the Number<1000	2285929024	202162230	1750504169	157123733
300≤人数<500 300≤the Number<500	1585967600	113365012	1150412681	171298231
100≤人数<300 100≤the Number<300	2580711640	175328646	1881746937	361543951
50≤人数<100 50≤the Number<100	896557690	72980618	587150718	130224516
20≤人数<50 20≤the Number<50	707984961	51856180	347607574	260024380
人数<20 the Number<20	332181039	37652155	77990223	152897487

1-14 高新区企业主要经济指标(按收入规模分类)

Main Economic Indicators of Enterprises in National Hi-tech Zones by Revenue Scale

收入规模 Revenue Scale	入统企业数(个) Number of Enterprises to Collect Data (unit)	高新技术企业数(个) Number of Hi-tech Enterprises (unit)	年末从业人员(人) Year End Number of Employees (person)	总收入(千元) Total Income (1000 yuan)	工业总产值(千元) Gross Industrial Output Value (1000 yuan)
合 计 Total	**71180**	**21795**	**14601730**	**19964888340**	**15136756849**
收入≥4亿元 Revenue≥400 million Yuan	5988	2998	8833656	16796655647	12667717183
1亿元≤收入<4亿元 100 million yuan≤Revenue<400 million Yuan	9722	4409	2716535	1971846541	1600079173
2000万元≤收入<1亿元 20 million yuan≤Revenue<100 million Yuan	20703	7187	2152169	1000972795	758808195
1000万元≤收入<2000万元 10 million yuan≤Revenue<20 million Yuan	7548	2488	360582	110282677	62753653
500万元≤收入<1000万元 5 million yuan≤Revenue<10 million yuan	7059	1930	217252	50874350	26155771
收入<500万元 Revenue<5 million yuan	20160	2783	321536	34256330	21242874

1-14 续表 continued

收入规模 Revenue Scale	净利润 (千元) Net Profit (1000 yuan)	上缴税费 (千元) Taxes Submitted (1000 yuan)	出口创汇 (千美元) Export (1000 USD)	年末资产 (千元) Year End Assets (1000 yuan)	年末负债 (千元) Year End Liabilities (1000 yuan)
合　计 Total	**1244360306**	**1104307265**	**413334531**	**26031784152**	**14785114228**
收入≥4亿元 Revenue≥400 million Yuan	1045708694	947020089	363064294	18219050944	10581273304
1亿元≤收入<4亿元 100 million yuan≤Revenue<400 million Yuan	147779492	97039160	34865333	4766802772	2550439460
2000万元≤收入<1亿元 20 million yuan≤Revenue<100 million Yuan	55398222	49040694	14015351	1936154686	1026943682
1000万元≤收入<2000万元 10 million yuan≤Revenue<20 million Yuan	1445825	5757647	945131	442161374	271486695
500万元≤收入<1000万元 5 million yuan≤Revenue<10 million yuan	44357	2987795	301457	190859835	91812015
收入<500万元 Revenue<5 million yuan	-6016284	2461880	142965	476754541	263159072

1-15 高新区企业收入情况(按收入规模分类)

Revenue Statistics of Enterprises in National Hi-tech Zones by Revenue Scale

单位：千元 (1000 yuan)

收入规模 Revenue Scale	总收入 Total Income	技术收入 Technical Income	产品销售收入 Product Sales Income	商品销售收入 Commodity Sales Income
合　计 Total	**19964888340**	**1514110856**	**15072309209**	**1782342614**
收入≥4亿元 Revenue≥400 million Yuan	16796655647	1168821603	12646072444	1595307233
1亿元≤收入<4亿元 100 million yuan≤Revenue<400 million Yuan	1971846541	180409724	1569647348	106168978
2000万元≤收入<1亿元 20 million yuan≤Revenue<100 million Yuan	1000972795	122457009	747612846	59640527
1000万元≤收入<2000万元 10 million yuan≤Revenue<20 million Yuan	110282677	21685433	65646149	11380941
500万元≤收入<1000万元 5 million yuan≤Revenue<10 million yuan	50874350	11417242	27502853	5789812
收入<500万元 Revenue<5 million yuan	34256330	9319845	15827569	4055123

1-16 高新区高技术产业制造业企业主要经济指标(按行业类别分类)
Main Indicators of Hi-tech Manufacture Enterprises in National Hi-tech Zones by Industry Field

行业类别 Industry Field	入统企业数(个) Number of Enterprises to Collect Data (unit)	高新技术企业数(个) Number of Hi-tech Enterprises (unit)	年末从业人员(人) Year End Number of Employees (person)	总收入(千元) Total Income (1000 yuan)	主营业务收入(千元) Revenue from Principal Business (1000 yuan)	工业总产值(千元) Gross Industrial Output Value (1000 yuan)
合 计 **Total**	**71180**	**21795**	**14601730**	**1.996E+10**	**19036820641**	**15136756849**
#医药制造业 Manufacture of Medicines	1985	921	585106	698821435	684404789	635078296
航空、航天器及设备制造业 Manufacture of Aircrafts and Spacecrafts and Related Equipment	185	100	149284	100189089	97558195	95315520
电子及通信设备制造业 Manufacture of Electronic Equipment and Communication Equipment	4725	1971	2157730	2.597E+09	2507777616	2535417309
计算机及办公设备制造业 Manufacture of Computers and Office Equipment	639	242	318256	600659132	592160280	566552849
医疗仪器设备及仪器仪表制造业 Manufacture of Medical Equipment and Measuring Instrument	3292	1379	421870	380946935	370859254	372211532

1-16 续表 continued

行业类别 Industry Field	净利润(千元) Net Profit (1000 yuan)	上缴税费(千元) Taxes Submitted (1000 yuan)	出口创汇(千美元) Export (1000 USD)	年末资产(千元) Year End Assets (1000 yuan)	年末负债(千元) Year End Liabilities (1000 yuan)
合 计 **Total**	**1244360306**	**1104307265**	**413334531**	**26031784152**	**14785114228**
#医药制造业 Manufacture of Medicines	68937236	54598539	5600458	902449186	410481819
航空、航天器及设备制造业 Manufacture of Aircrafts and Spacecrafts and Related Equipment	4974138	2266654	1619575	217009363	124260310
电子及通信设备制造业 Manufacture of Electronic Equipment and Communication Equipment	123657088	99088452	165277027	2339047736	1346388885
计算机及办公设备制造业 Manufacture of Computers and Office Equipment	24662300	18944617	42206053	326107532	205578819
医疗仪器设备及仪器仪表制造业 Manufacture of Medical Equipment and Measuring Instrument	33770533	21299868	8752467	425506952	202364864

1-17 高新区企业产品主要指标(按技术领域分类)

Main Indicators of Products of Enterprises in National Hi-tech Zones by Technical Field

技术领域 Technical Field	产品种数(个) Number of Products (piece)	工业总产值(千元) Gross Industrial Output Value (1000 yuan)	销售收入(千元) Sales Income (1000 yuan)	出口创汇(千美元) Export (1000 USD)
合 计 Total	**83473**	**10985205038**	**10894400328**	**255056794**
#电子与信息领域 Electronics and Information Technology	26357	2465648980	2533721720	147499578
生物技术领域 Biotechnology	7952	946873899	920997305	6654925
新材料领域 New Materials	9104	1658801854	1601872117	20354494
光机电一体化 Integration of Optical and Electrical Machinery	16758	2010846358	1951935081	30974103
新能源及高效节能技术 New Encrgy and Energy Saving	3874	904359726	914235678	14341372
环境保护技术 Environmental Protection	2293	124780022	119558079	1046288
航空航天技术 Aerospace	503	42583999	41629586	929795
地球,空间,海洋工程 Earth, Space, Ocean Engineering	180	37255111	34405890	388316

1-18 高新区企业产品主要指标(按出口国别分类)

Main Indicators of Products of Enterprises in National Hi-tech Zones by Export Destination

出口地区 Export Destination	产品种数(个) Number of Products (piece)	出口创汇(千美元) Export (1000 USD)
合 计 Total	**83473**	**255056794**
#美国 USA	2882	57072453
日本 Japan	1583	26989818
南美 South America	518	7083352
西欧 Western Europe	1177	14110800
北欧 North Europe	373	11765270
东欧 Eastern Europe	459	5438669
港澳台 Hong Kong, Macao and Taiwan	1626	38651509
东南亚 Southeast Asia	2548	41088112

1-19 高新区企业产品主要指标(按技术来源分类)

Main Indicators of Products of Enterprises in National Hi-tech Zones by Technology Source

技术来源 Technology Source	产品种数 (个) Number of Products (piece)	工业总产值 (千元) Total Industrial Output Value (1000 yuan)	销售收入 (千元) Sales Income (1000 yuan)	出口创汇 (千美元) Export (1000 USD)
合 计 Total	**83473**	**10985205038**	**10894400328**	**255056794**
#国外技术 Foreign Technologies	2659	1501898522	1514741032	57702953
中科院 Chinese Academy of Sciences	338	16921959	15843268	156694
其它部委属科研院所 Research Institutes of Other Ministries	507	63149724	66816061	494738
地方属科研院所 Local Research Institutes	400	59140322	54768266	259474
大专院校 Universities	989	70123896	63969658	839400
国有大中型企业 State-owned Large and Medium-sized Enterprises	966	634262438	583569651	4035245
其它各类企业 Other Types of Enterprises	604	83635925	81329148	591608
国内其它单位 Other Domestic Institutes	1714	238117906	232373335	1733852
引进技术本企业消化创新 Adopted and Renovated Technologies	5660	1231636395	1205838902	37266417
本企业自有技术 Enterprises Owned Technologies	69636	7086317951	7075151007	151976413

1-20 苏州工业园主要经济指标
Main Economic Indicators of Suzhou Industrial Park

工商注册企业数(个) Number of Registered Enterprises (unit)	入统企业数(个) Number of Enterprises to Collect Data (unit)	高新技术企业数(个) Number of Hi-tech Enterprises (unit)	工业总产值(千元) Gross Industrial Output Value (1000 yuan)	净利润(千元) Net Profit (1000 yuan)
28629	2099	564	358830765	26493630

出口创汇(千美元) Export (1000 USD)	实际上缴税额(千元) Taxes Submitted (1000 yuan)	年末资产(千元) Year End Assets (1000 yuan)	年末负债(千元) Year End Liability (1000 yuan)
34694280	25366675	412373284	199179415

总收入(千元) Total Income (1000 yuan)	技术收入(千元) Technical Income (1000 yuan)	产品销售收入(千元) Product Sales Income (1000 yuan)	商品销售收入(千元) Commodity Sales Income (1000 yuan)
410483098	10735902	351663885	15352558

1-21 苏州工业园企业人员情况
Personnel Statistics of Enterprises of Suzhou Industrial Park

单位：人 (person)

年末从业人员 Year End Number of Employees	留学归国人员 Returned Overseas Scholars	外籍常驻人员 Foreign Personnel in Residence	大专以上 College and Higher Level	中高级职称 Senior and Mid-Level Professional Titles
279511	4545	9633	188751	27382

1-22 苏州工业园R&D活动与科技活动
R&D and Science and Technology Activities Statistics of Suzhou Industrial Park

科技活动人员(人) Personnel Engaged in Science and Technology Activities (person)	R&D人员(人) R&D Personnel (person)	R&D 人员全时当量(人年) R&D Personnel Full Time Equivalent (man-year)	科技活动经费内部支出(千元) Intramural Expenditures on Science and Technology Activities (1000 yuan)	R&D经费内部支出(千元) Intramural Expenditure on R&D (1000 yuan)
63252	45405	37807	12064725	8779024

第二部分

全国高新技术企业

The Second Part

High Technology Enterprises in China

2-1 全国高新技术企业主要经济指标

Main Economic Indicators of High-tech Enterprises

年 份 Year	入统企业数 (个) Number of Enterprises to Collect Data (unit)	年末从业人员 (万人) Year End Number of Employees (10 000 person)	总收入 (亿元) Total Income (100 million yuan)	工业总产值 (亿元) Gross Industrial Output Value (100 million yuan)	净利润 (亿元) Net Profit (100 million yuan)	上缴税额 (亿元) Taxes Submitted (100 million yuan)	出口创汇 (亿美元) Export (100 million USD)
1996	12547	214.2	4029.6	3810.8	304.2	222.0	73.5
1997	12794	248.7	5630.4	5301.6	402.4	288.6	101.5
1998	15206	309.4	7624.1	7361.8	464.4	424.2	132.7
1999	17118	364.5	10936.7	10558.8	742.7	792.8	203.0
2000	20867	442.3	15648.7	14757.9	1149.7	904.5	329.2
2001	24153	511.7	19930.4	18767.2	1305.9	1279.6	395.4
2002	28504	601.8	25502.2	23877.0	1509.2	1460.1	569.1
2003	33392	729.5	35332.5	32996.0	2129.7	1925.7	900.9
2004	39490	863.8	48100.5	44615.8	2900.5	2366.1	1515.0
2005	43249	1016.1	59714.1	55780.8	3387.5	2901.2	2050.9
2006	49166	1182.6	76493.0	71840.5	4427.5	3842.3	2646.3
2007	56047	1452.2	104770.5	95911.5	6684.1	4851.4	3683.5
2008	51476	1275.0	105115.2	96546.2	5853.6	5804.8	3563.8
2009	25386	1003.3	86192.6	93319.1	6328.5	4281.5	2492.5
2010	31858	1313.6	129505.2	119022.0	9806.7	6262.1	3594.9
2011	39343	1508.3	156223.1	140338.9	10997.8	7378.7	4520.5
2012	45313	1621.3	167743.9	152235.3*	10892.0	8377.7	4608.3
2013	54683	1810.2	193837.4	175106.4	12825.2	9277.4	4915.8

注：经审核发现2013年中国火炬统计年鉴中的2012年全国高新技术企业的工业总产值数据有误，在本年鉴中进行了调整。

2-2 高新技术企业主要经济指标(按地区分类)

Main Economic Indicators of High-tech Enterprises by Region

地　区	Region	入统企业数(个) Number of Enterprises to Collect Data (unit)	年末从业人员(人) Year End Number of Employees (person)	总收入(千元) Total Income (1000 yuan)	工业总产值(千元) Gross Industrial Output Value (1000 yuan)
合　计	**Total**	**54683**	**18101968**	**19383737575**	**17510643985**
东部地区	Eastern Region	39411	12226997	13020865722	11360649579
中部地区	Middle Region	7422	2908305	3215559293	3167495029
西部地区	Western Region	5683	2145484	2236024627	2126224599
东北地区	Northeast Region	2167	821182	911287934	856274777
北　京	Beijing	7352	1406889	1582521483	600179622
天　津	Tianjin	1324	367050	451324582	405177929
河　北	Hebei	1042	463587	500833871	477193428
山　西	Shanxi	364	232677	253670052	239791458
内蒙古	Inner Mongolia	182	108171	95104069	100394104
辽　宁	Liaoning	1248	399406	446238633	433548125
吉　林	Jiling	296	155208	236216817	223189444
黑龙江	Heilongjiang	623	266568	228832483	199537208
上　海	Shanghai	5007	1249338	1545105210	1220224371
江　苏	Jiangsu	7663	2436623	2707203401	2665387992
浙　江	Zhejiang	5004	1465061	1385236132	1366079365
安　徽	Anhui	2189	589354	699816873	713866581
福　建	Fujian	1561	546406	464010774	462481938
江　西	Jiangxi	574	273340	300008984	296816047
山　东	Shandong	2911	1331261	1656658219	1559327397
河　南	Henan	935	538999	553297040	529188470
湖　北	Hubei	2081	672547	722246725	698091358
湖　南	Hunan	1279	601388	686519619	689741115
广　东	Guangdong	7432	2929778	2697590652	2575014696
广　西	Guangxi	467	208026	265937640	262653568
海　南	Hainan	115	31004	30381397	29582841
重　庆	Chongqing	648	291786	293611260	302445728
四　川	Sichuan	1732	667478	658396957	595738116
贵　州	Guizhou	221	125433	75046274	77798923
云　南	Yunnan	636	170183	232971978	192959296
西　藏	Tibet	22	6398	5807353	5233482
陕　西	Shaanxi	1152	316223	406305906	391626852
甘　肃	Gansu	250	88943	54396824	58419303
青　海	Qinghai	68	44487	32430804	24584105
宁　夏	Ningxia	50	27187	18082974	18536816
新　疆	Xinjiang	255	91169	97932589	95834306
大　连*	Dalian	444	130784	178863655	178602468
宁　波*	Ningbo	1092	324047	298633675	304585904
厦　门*	Xiamen	811	276533	226737682	210799620
青　岛*	Qingdao	633	268262	342856374	301157856
深　圳*	Shenzhen	3222	1169935	1156874580	1123628204

注：标"*"为计划单列市，5个计划单列市的高新技术企业相关数据已经涵盖在所属省份的高企数据中，不计入合计数，后同。

2-2 续表 continued

地 区	Region	净利润（千元）Net Profit (1000 yuan)	上缴税费（千元）Taxes Submitted (1000 yuan)	出口创汇（千美元）Export (1000 USD)	年末资产（千元）Year End Assets (1000 yuan)	年末负债（千元）Year End Liabilities (1000 yuan)
合 计	**Total**	**1282521088**	**927736072**	**491583619**	**31527211796**	**17621213840**
东部地区	Eastern Region	919896182	629607348	399753430	19714360306	10538531285
中部地区	Middle Region	186797912	143213563	44191354	5039018652	2870501471
西部地区	Western Region	121979810	108296333	34046240	5240963394	3310719086
东北地区	Northeast Region	53847183	46618829	13592596	1532869444	901461998
北 京	Beijing	125147663	77253085	14397565	2587311894	1390389477
天 津	Tianjin	36707785	28347887	9102519	643634057	346782749
河 北	Hebei	21688083	23732433	7145037	649942204	371430035
山 西	Shanxi	9011490	8676981	5534056	505939902	373736023
内 蒙 古	Inner Mongolia	6599431	5502428	2363410	241579283	120615656
辽 宁	Liaoning	28968599	21224046	10040951	773667031	498445876
吉 林	Jiling	15696887	14245645	1239111	258504050	140441599
黑 龙 江	Heilongjiang	9181697	11149137	2312533	500698363	262574523
上 海	Shanghai	108096361	72704497	38719264	2116442792	1107382954
江 苏	Jiangsu	154767411	128142502	106207469	4542779832	2568981412
浙 江	Zhejiang	129532654	68562012	47463123	1851568926	966430122
安 徽	Anhui	46327600	32652609	12420659	1046896846	574686267
福 建	Fujian	25837820	17559432	25263661	550257914	301825719
江 西	Jiangxi	16010803	12710443	4486786	1124587979	578414262
山 东	Shandong	112450918	85863465	37216985	2480915019	1412073210
河 南	Henan	35562715	27147976	6715639	730794682	413673194
湖 北	Hubei	41573593	31789395	8832149	823966211	470275971
湖 南	Hunan	38311711	30236158	6202065	806833032	459715754
广 东	Guangdong	203204981	125363431	113741489	4238301245	2050480114
广 西	Guangxi	12406246	14213701	1562747	259468309	165941753
海 南	Hainan	2462506	2078604	496319	53206423	22755493
重 庆	Chongqing	17863143	12487786	6508985	381056210	232644900
四 川	Sichuan	39612562	31241503	16725758	974074765	625634275
贵 州	Guizhou	4892944	3907843	1334136	162279598	90715961
云 南	Yunnan	6462398	8969232	706747	331692391	196636910
西 藏	Tibet	1117814	864684	558	10921804	4398219
陕 西	Shaanxi	22616638	20301259	2994726	555424039	317283464
甘 肃	Gansu	3398150	2605269	620380	109449912	57365646
青 海	Qinghai	1953154	2474857	34578	89776099	64307804
宁 夏	Ningxia	918652	993871	634025	28554623	14731848
新 疆	Xinjiang	4138679	4733900	560189	2096686361	1420442650
大 连*	Dalian	13429933	8794349	5977486	358451349	251013620
宁 波*	Ningbo	22553970	13136847	14419415	361060227	197695381
厦 门*	Xiamen	13030959	8021056	14555984	221746515	113080386
青 岛*	Qingdao	28658088	21079807	7430489	753962610	446267970
深 圳*	Shenzhen	98841297	51615496	56903838	2545101118	1136845382

2-3 高新技术企业收入情况(按地区分类)

Revenue Statistics of High-tech Enterprises by Region

单位：千元 (1000 yuan)

地区	Region	总收入 Total Income	技术收入 Technical Income	产品销售收入 Product Sales Income	商品销售收入 Commodity Sales Income
合计	**Total**	**19383737575**	**1084451352**	**16700711223**	**487534842**
东部地区	Eastern Region	13020865722	803974031	11075432328	400342943
中部地区	Middle Region	3215559293	112644623	2879063065	54365335
西部地区	Western Region	2236024627	143047575	1910789953	21936490
东北地区	Northeast Region	911287934	24785124	835425876	10890074
北京	Beijing	1582521483	344037573	801429346	269068909
天津	Tianjin	451324582	60162265	354392868	1778033
河北	Hebei	500833871	6456563	453453105	3807766
山西	Shanxi	253670052	2944178	205802337	22363104
内蒙古	Inner Mongolia	95104069	599176	91800141	37775
辽宁	Liaoning	446238633	8673540	411956976	7542165
吉林	Jiling	236216817	1111181	228887687	534489
黑龙江	Heilongjiang	228832483	15000403	194581214	2813420
上海	Shanghai	1545105210	149733755	1213572708	16240341
江苏	Jiangsu	2707203401	43396922	2522155694	32323967
浙江	Zhejiang	1385236132	50166867	1277003229	12073756
安徽	Anhui	699816873	22011847	628106009	12281198
福建	Fujian	464010774	5255950	441015560	4325510
江西	Jiangxi	300008984	4704003	286076085	1787333
山东	Shandong	1656658219	23468176	1556120317	14398348
河南	Henan	553297040	24205440	492159126	4478381
湖北	Hubei	722246725	43904426	635018736	2282503
湖南	Hunan	686519619	14874729	631900773	11172816
广东	Guangdong	2697590652	120335296	2428249923	45427788
广西	Guangxi	265937640	8195397	243365380	911651
海南	Hainan	30381397	960663	28039578	898526
重庆	Chongqing	293611260	11241521	259907250	3208467
四川	Sichuan	658396957	63616096	536638188	4578608
贵州	Guizhou	75046274	2486201	64975769	1453405
云南	Yunnan	232971978	4039129	206911334	6666234
西藏	Tibet	5807353	92164	4563563	496305
陕西	Shaanxi	406305906	20938147	345090640	3702155
甘肃	Gansu	54396824	2214956	49612088	337779
青海	Qinghai	32430804	11282425	17689492	271634
宁夏	Ningxia	18082974	253313	16713127	37729
新疆	Xinjiang	97932589	18089050	73522981	234749
大连	Dalian	178863655	3436277	168913318	343440
宁波	Ningbo	298633675	1898173	288120826	181951
厦门	Xiamen	226737682	2732457	218564535	966842
青岛	Qingdao	342856374	2104374	321784253	760433
深圳	Shenzhen	1156874580	73179149	1001405444	30806448

2-4 高新技术企业人员情况(按地区分类)

Personnel Statistics of High-tech Enterprises by Region

单位：人 (person)

地区	Region	年末从业人员 Year End Number of Employees	留学归国人员 Returned Overseas Scholars	外籍常驻人员 Foreign Personnel in Residence	大专以上 College and Higher Level	中高级职称 Senior and Mid-Level Professional Titles
合　计	**Total**	**18101968**	**84302**	**46966**	**8926386**	**1946174**
东部地区	Eastern Region	12226997	53025	36626	6122889	1160170
中部地区	Middle Region	2908305	12822	5089	1355518	352930
西部地区	Western Region	2145484	14147	2984	1015243	294970
东北地区	Northeast Region	821182	4308	2267	432736	138104
北　京	Beijing	1406889	13282	4639	1014527	216894
天　津	Tianjin	367050	2204	1919	217534	51454
河　北	Hebei	463587	3529	1134	224091	46939
山　西	Shanxi	232677	514	285	103618	28495
内蒙古	Inner Mongolia	108171	604	43	62135	10863
辽　宁	Liaoning	399406	3646	2062	227196	72518
吉　林	Jiling	155208	424	137	80490	21395
黑龙江	Heilongjiang	266568	238	68	125050	44191
上　海	Shanghai	1249338	10441	5189	730762	158633
江　苏	Jiangsu	2436623	7365	10584	1078622	189578
浙　江	Zhejiang	1465061	3915	2139	623231	91885
安　徽	Anhui	589354	3364	1622	272259	58397
福　建	Fujian	546406	1011	4179	228242	47163
江　西	Jiangxi	273340	1624	386	107557	25347
山　东	Shandong	1331261	4175	1339	640435	130797
河　南	Henan	538999	1594	461	262335	65577
湖　北	Hubei	672547	2797	1293	344081	107631
湖　南	Hunan	601388	2929	1042	265668	67483
广　东	Guangdong	2929778	6898	5474	1350629	225188
广　西	Guangxi	208026	345	112	82896	16975
海　南	Hainan	31004	205	30	14816	1639
重　庆	Chongqing	291786	618	1061	122537	34942
四　川	Sichuan	667478	6489	1173	298441	90802
贵　州	Guizhou	125433	50	117	54432	15176
云　南	Yunnan	170183	2994	86	76983	21182
西　藏	Tibet	6398	20	2	3569	470
陕　西	Shaanxi	316223	1663	307	199929	71997
甘　肃	Gansu	88943	1160	17	42538	15588
青　海	Qinghai	44487	19	9	12135	3465
宁　夏	Ningxia	27187	65	5	12611	2153
新　疆	Xinjiang	91169	120	52	47037	11357
大　连	Dalian	130784	1295	506	74007	26285
宁　波	Ningbo	324047	924	280	122564	13427
厦　门	Xiamen	276533	571	3715	116181	22569
青　岛	Qingdao	268262	522	206	131388	27038
深　圳	Shenzhen	1169935	3498	1437	652737	120530

2-5 高新技术企业R&D活动与科技活动情况(按地区分类)

R&D and Science and Technology Activities Statistics of High-tech Enterprises by Region

地　区	Region	科技活动人员（人）Personnel Engaged in Science and Technology Activities (person)	R&D人员（人）R& D Personnel (person)	R&D人员全时当量（人年）R& D Personnel Full Time Equivalent (man-year)	科技活动经费内部支出（千元）Intramural Expenditure on Science and Technology Activities (1000 yuan)	R&D经费内部支出（千元）Intramural Expenditure on R&D (1000 yuan)
合　计	**Total**	**4611984**	**2661093**	**1986181**	**881836960**	**540104626**
东部地区	Eastern Region	3189299	1800185	1397357	608308700	366213794
中部地区	Middle Region	741586	473212	307391	148318748	101521500
西部地区	Western Region	470901	262060	189740	89183024	49403929
东北地区	Northeast Region	210198	125635	91694	36026488	22965403
北　京	Beijing	380092	146893	119454	92174585	42692826
天　津	Tianjin	103304	64103	37533	23094970	15006332
河　北	Hebei	123523	76783	49878	19029342	11786385
山　西	Shanxi	47507	25455	19143	10029414	4570822
内蒙古	Inner Mongolia	22567	15344	13746	3194959	2193018
辽　宁	Liaoning	112778	70187	49053	20278286	13585678
吉　林	Jiling	40664	19693	16518	6468785	2755168
黑龙江	Heilongjiang	56756	35755	26122	9279417	6624557
上　海	Shanghai	399491	186290	143501	90612175	48099059
江　苏	Jiangsu	587652	350364	302254	102447887	63071440
浙　江	Zhejiang	336887	234779	201064	59299659	42343182
安　徽	Anhui	168993	112100	78507	25956179	18976191
福　建	Fujian	126281	70879	56011	18647958	12269014
江　西	Jiangxi	56796	30877	15695	30412266	24698381
山　东	Shandong	342480	204447	127943	65280648	45692539
河　南	Henan	152946	107728	65247	23784200	17781739
湖　北	Hubei	184698	123572	73772	35551818	23175441
湖　南	Hunan	130647	73480	55026	22584872	12318926
广　东	Guangdong	780020	460628	356290	136384170	84538872
广　西	Guangxi	37949	22719	18138	7816519	4988937
海　南	Hainan	9568	5018	3430	1337305	714144
重　庆	Chongqing	60591	32146	19340	13969874	5728981
四　川	Sichuan	157876	82487	63206	30622945	17182347
贵　州	Guizhou	23953	13050	8994	3487201	1876941
云　南	Yunnan	35988	18515	11504	6832145	3401862
西　藏	Tibet	1438	1045	920	239017	176394
陕　西	Shaanxi	86191	52383	39838	15319984	9632743
甘　肃	Gansu	16262	9341	4823	1923760	1105964
青　海	Qinghai	7223	3519	2631	1237344	628804
宁　夏	Ningxia	5187	3608	2334	846385	614164
新　疆	Xinjiang	15675	7904	4266	3692891	1873774
大　连	Dalian	39019	19565	12334	7899705	4335231
宁　波	Ningbo	61116	50554	45594	11210029	9133314
厦　门	Xiamen	55303	35006	28849	9205794	7029974
青　岛	Qingdao	58372	37196	22096	20017702	16560713
深　圳	Shenzhen	337089	168201	136774	72868996	39198407

2-6 高新技术企业主要经济指标(按登记注册类型分类)

Main Economic Indicators of High-tech Enterprises by Registration Category

企业登记注册类型 Registration Category	入统企业数 (个) Number of Enterprises to Collect Data (unit)	年末从业人员 (人) Year End Number of Employees (person)	总收入 (千元) Total Income (1000 yuan)	工业总产值 (千元) Gross Industrial Output Value (1000 yuan)	出口创汇 (千美元) Export (1000 USD)
合　计 **Total**	**54683**	**18101968**	**19383737629**	**17510644030**	**491583650**
#国有企业 State-owned Enterprises	1692	1288684	1533658119	1212829391	19497130
集体企业 Collective-owned Enterprises	187	126193	151481599	127547354	2575286
股份合作企业 Cooperative Enterprises	622	219087	267712075	273681760	3784618
联营企业 Joint Ownership Enterprises	333	74549	75272579	68418002	1457517
有限责任公司 Limited Liability Corporations	19508	5266240	5605374619	4822999919	92708388
股份有限公司 Share-holding Corporations Ltd.	5228	3744485	4360325585	4012428418	95781677
私营企业 Private Enterprises	19052	2992881	2310060202	2281168672	42840369
港澳台投资企业 Enterprises with Funds from HongKong, Macao and Taiwan	3439	1970050	2175751230	2006275712	101367125
外商投资企业 Foreign Funded Enterprises	4452	2383265	2875538445	2677643780	130321339

2-6 续表 continued

(1000 yuan)

企业登记注册类型 Registration Category	净利润 Net Profit	上缴税费 Taxes Submitted	年末资产 Year End Assets	流动资产 Current Assets	年末负债 Year End Liabilities
合　计 **Total**	**1282521113**	**927736105**	**31527211796**	**15306679268**	**17621213840**
#国有企业 State-owned Enterprises	65934840	68696377	3178715371	1428306351	2154543488
集体企业 Collective-owned Enterprises	12763947	11422486	177282795	99904299	107423229
股份合作企业 Cooperative Enterprises	15142383	13467770	364878145	233221472	184688296
联营企业 Joint Ownership Enterprises	1936759	2087530	127381432	60745839	84762168
有限责任公司 Limited Liability Corporations	335424687	246320561	9653092159	4492528764	6066146905
股份有限公司 Share-holding Corporations Ltd.	322606819	227255072	8060950772	3825557918	3678462554
私营企业 Private Enterprises	138390605	101623960	3557865566	1777952972	1958169574
港澳台投资企业 Enterprises with Funds from HongKong, Macao and Taiwan	188241739	103393730	2639139598	1513844883	1397353487
外商投资企业 Foreign Funded Enterprises	200154755	152226472	3735222096	1853504030	1969820758

2-7 高新技术企业收入情况(按登记注册类型分类)

Revenue Statistics of High-tech Enterprises by Registration Category

单位：千元 (1000 yuan)

企业登记注册类型 Registration Category	总收入 Total Income	技术收入 Technical Income	产品销售收入 Product Sales Income	商品销售收入 Commodity Sales Income
合　计 Total	**19383737629**	**1084451357**	**16700711282**	**487534846**
#国有企业 State-owned Enterprises	1533658119	166149369	1184340397	12086783
集体企业 Collective-owned Enterprises	151481599	2227266	137409251	73520
股份合作企业 Cooperative Enterprises	267712075	4637211	256331958	913121
联营企业 Joint Ownership Enterprises	75272579	3215532	65845781	2416054
有限责任公司 Limited Liability Corporations	5605374619	460825462	4622992888	156441444
股份有限公司 Share-holding Corporations Ltd.	4360325585	169763385	3840553121	128602014
私营企业 Private Enterprises	2310060202	91676291	2037300888	64734282
港澳台投资企业 Enterprises with Funds from HongKong, Macao and Taiwan	2175751230	100101472	1920008751	57682832
外商投资企业 Foreign Funded Enterprises	2875538445	85223495	2609062106	64313503

2-8 高新技术企业人员情况(按登记注册类型分类)

Personnel Statistics of High-tech Enterprises by Registration Category

单位：人 (person)

企业登记注册类型 Registration Category	年末从业人员 Year End Number of Employees	留学归国人员 Returned Overseas Scholars	外籍常驻人员 Foreign Personnel in Residence	大专以上 College and Higher Level	中高级职称 Senior and Mid-Level Professional Titles
合　计 Total	**18101968**	**84302**	**46966**	**8926386**	**1946174**
#国有企业 State-owned Enterprises	1288684	6582	1324	722393	273802
集体企业 Collective-owned Enterprises	126193	153	56	64769	16746
股份合作企业 Cooperative Enterprises	219087	577	242	97055	19060
联营企业 Joint Ownership Enterprises	74549	323	190	34404	7897
有限责任公司 Limited Liability Corporations	5266240	26496	12454	2742291	648315
股份有限公司 Share-holding Corporations Ltd.	3744485	12744	5712	1891300	402210
私营企业 Private Enterprises	2992881	12245	5996	1402974	269420
港澳台投资企业 Enterprises with Funds from HongKong, Macao and Taiwan	1970050	7602	5919	856085	116985
外商投资企业 Foreign Funded Enterprises	2383265	17463	15053	1097437	188397

2-9　高新技术企业主要经济指标(按控股情况分类)

Main Economic Indicators of High-tech Enterprises by Holdings

控股情况 Holdings	入统企业数(个) Number of Enterprises to Collect Data (unit)	年末从业人员(人) Year End Number of Employees (person)	总收入(千元) Total Income (1000 yuan)	工业总产值(千元) Gross Industrial Output Value (1000 yuan)	出口创汇(千美元) Export (1000 USD)
合　计 Total	**54683**	**18101968**	**19383737629**	**17510644030**	**491583650**
#国有控股 State Holding	6029	4824441	6420540248	5302278661	104917501
集体控股 Collective Holding	2186	995338	1001180986	925211221	22050412
私人控股 Private Holding	32688	6904224	6095035109	5769381132	126292553
港澳台控股 Hong Kong, Macao and Taiwan Holding	2422	1488180	1689350121	1521880344	87560360
外商控股 Foreign Holding	2945	1589862	1785455291	1643715051	92131232

2-9　续表 continued

单位：千元　(1000 yuan)

控股情况 Holdings	净利润 Net Profit	上缴税费 Taxes Submitted	年末资产 Year End Assets	流动资产 Current Assets	年末负债 Year End Liabilities
合　计 Total	**1282521113**	**927736105**	**15306679268**	**31527211796**	**17621213840**
#国有控股 State Holding	327690048	299304217	5575571248	12669965014	8068082409
集体控股 Collective Holding	64891582	52087191	713627139	1666932205	887013182
私人控股 Private Holding	444403074	294245848	4855297017	9671521234	4726272128
港澳台控股 Hong Kong, Macao and Taiwan Holding	157663493	77730124	1183514246	1864164120	958363418
外商控股 Foreign Holding	131988824	88203737	1156913099	2297615991	1152595801

2-10 高新技术企业收入情况(按控股情况分类)

Revenue Statistics of High-tech Enterprises by Holdings

单位：千元 (1000 yuan)

控股情况 Holdings	总收入 Total Income	技术收入 Technical Income	产品销售收入 Product Sales Income	商品销售收入 Commodity Sales Income
合　计 Total	**19383737629**	**1084451357**	**16700711282**	**487534846**
#国有控股 State Holding	6420540248	585733401	5126641230	165981195
集体控股 Collective Holding	1001180986	33468873	883137797	23681705
私人控股 Private Holding	6095035109	228742586	5477690258	154375721
港澳台控股 Hong Kong, Macao and Taiwan Holding	1689350121	88995623	1466924874	52125695
外商控股 Foreign Holding	1785455291	65508908	1605585782	60423498

2-11 高新技术企业人员情况(按控股情况分类)

Personnel Statistics of High-tech Enterprises by Holdings

单位：人 (person)

控股情况 Holdings	年末从业人员 Year End Number of Employees	留学归国人员 Returned Overseas Scholars	外籍常驻人员 Foreign Personnel in Residence	大专以上 College and Higher Level	中高级职称 Senior and Mid-Level Professional Titles
合　计 Total	**18101968**	**84302**	**46966**	**8926386**	**1946174**
#国有控股 State Holding	4824441	21873	5967	2610251	801091
集体控股 Collective Holding	995338	2822	1465	450212	89893
私人控股 Private Holding	6904224	30498	17132	3379667	628219
港澳台控股 Hong Kong, Macao and Taiwan Holding	1488180	7062	5261	658117	79821
外商控股 Foreign Holding	1589862	14043	13120	764238	123933

2-12 高新技术企业主要经济指标(按人员规模分类)

Main Economic Indicators of High-tech Enterprises by the Number of Employees

人员规模 Number of Employees	入统企业数 (个) Number of Enterprises to Collect Data (unit)	年末从业人员 (人) Year End Number of Employees (person)	总收入 (千元) Total Income (1000 yuan)	工业总产值 (千元) Gross Industrial Output Value (1000 yuan)
合　计 **Total**	**54683**	**18101968**	**19383737629**	**17510644030**
人数≥1000 the Number≥1000	3361	8818439	10761590701	9677900412
500≤人数<1000 500≤the Number<1000	4336	2997518	2974888655	2694077774
300≤人数<500 300≤the Number<500	5460	2086871	2041606357	1839515039
100≤人数<300 100≤the Number<300	17256	3018613	2680912643	2434724152
50≤人数<100 50≤the Number<100	11339	817639	621436361	598864919
20≤人数<50 20≤the Number<50	9455	319861	261842569	242642781
人数<20 the Number<20	3476	43027	41460343	22918953

2-12 续表 continued

人员规模 Number of Employees	净利润 (千元) Net Profit (1000 yuan)	上缴税费 (千元) Taxes Submitted (1000 yuan)	出口创汇 (千美元) Export (1000 USD)	年末资产 (千元) Year End Assets (1000 yuan)	年末负债 (千元) Year End Liabilities (1000 yuan)
合　计 **Total**	**1282521113**	**927736105**	**491583650**	**31527211796**	**17621213840**
人数≥1000 the Number≥1000	685881275	516164214	307126449	16894515976	9758779355
500≤人数<1000 500≤the Number<1000	213999169	139212801	80074988	4665170964	2484244796
300≤人数<500 300≤the Number<500	146467090	100605031	43286960	3778655630	2184431856
100≤人数<300 100≤the Number<300	184434840	129018159	51012198	4323532641	2291247482
50≤人数<100 50≤the Number<100	41266177	29815711	7145735	1274225256	598788370
20≤人数<50 20≤the Number<50	9670273	10860898	2515153	481935890	250940453
人数<20 the Number<20	802289	2059291	422167	109175439	52781528

2-13 高新技术企业收入情况(按人员规模分类)

Revenue Statistics of High-tech Enterprises by the Number of Employees

单位：千元 (1000 yuan)

人员规模 Number of Employees	总收入 Total Income	技术收入 Technical Income	产品销售收入 Product Sales Income	商品销售收入 Commodity Sales Income
合　计 Total	**19383737629**	**1084451357**	**16700711282**	**487534846**
人数≥1000 the Number≥1000	10761590701	600700681	9273189529	209621987
500≤人数<1000 500≤the Number<1000	2974888655	175924321	2572082223	61999014
300≤人数<500 300≤the Number<500	2041606357	93316428	1773702669	72493373
100≤人数<300 100≤the Number<300	2680912643	141241404	2334579427	96128230
50≤人数<100 50≤the Number<100	621436361	44248085	517058406	27421971
20≤人数<50 20≤the Number<50	261842569	23031089	206517022	14955193
人数<20 the Number<20	41460343	5989349	23582006	4915078

2-14 高新技术企业主要经济指标(按收入规模分类)

Main Economic Indicators of High-tech Enterprises by Revenue Scales

收入规模 Revenue Scale	入统企业数(个) Number of Enterprises to Collect Data (unit)	年末从业人员(人) Year End Number of Employees (person)	总收入(千元) Total Income (1000 yuan)	工业总产值(千元) Gross Industrial Output Value (1000 yuan)
合　计 Total	**54683**	**18101968**	**19383737629**	**17510644030**
收入≥4亿元 Revenue≥400 million Yuan	7856	10726444	15539240562	13813141640
1亿元≤收入<4亿元 100 million yuan≤Revenue<400 million Yuan	13512	4360570	2759883638	2585822468
2000万元≤收入<1亿元 20 million yuan≤Revenue<100 million Yuan	19090	2394920	963571268	953364092
1000万元≤收入<2000万元 10 million yuan≤Revenue<20 million Yuan	5597	327571	81341182	111123425
500万元≤收入<1000万元 5 million yuan≤Revenue<10 million Yuan	3839	162527	28234362	34001367
收入<500万元 Revenue<5 million Yuan	4789	129936	11466617	13191038

2-14 续表 continued

收入规模 Revenue Scale	净利润（千元）Net Profit (1000 yuan)	上缴税费（千元）Taxes Submitted (1000 yuan)	出口创汇（千美元）Export (1000 USD)	年末资产（千元）Year End Assets (1000 yuan)	年末负债（千元）Year End Liabilities (1000 yuan)
合 计 Total	**1282521113**	**927736105**	**491583650**	**31527211796**	**17621213840**
收入≥4亿元 Revenue≥400 million Yuan	1016810209	710110051	409816891	23863774246	13796897599
1亿元≤收入<4亿元 100 million yuan≤Revenue<400 million Yuan	215156606	154800281	64245202	4896046516	2465764370
2000万元≤收入<1亿元 20 million yuan≤Revenue<100 million Yuan	56003724	55126948	16457073	2262570427	1108217330
1000万元≤收入<2000万元 10 million yuan≤Revenue<20 million Yuan	1522544	4878258	812596	241316673	118761233
500万元≤收入<1000万元 5 million yuan≤Revenue<10 million Yuan	-2161902	1931734	197924	137638786	71294656
收入<500万元 Revenue<5 million Yuan	-4810068	888833	53964	125865148	60278652

2-15 高新技术企业收入情况(按收入规模分类)

Revenue Statistics of High-tech Enterprises by Revenue Scale

单位：千元 (1000 yuan)

收入规模 Revenue Scale	总收入 Total Income	技术收入 Technical Income	产品销售收入 Product Sales Income	商品销售收入 Commodity Sales Income
合 计 Total	**19383737629**	**1084451357**	**16700711282**	**487534846**
收入≥4亿元 Revenue≥400 million Yuan	15539240562	818180726	13362066362	411763033
1亿元≤收入<4亿元 100 million yuan≤Revenue<400 million Yuan	2759883638	163260651	2437307919	47268817
2000万元≤收入<1亿元 20 million yuan≤Revenue<100 million Yuan	963571268	82732675	813421635	23442713
1000万元≤收入<2000万元 10 million yuan≤Revenue<20 million Yuan	81341182	12273538	60753831	3402104
500万元≤收入<1000万元 5 million yuan≤Revenue<10 million Yuan	28234362	5220309	19877619	1176005
收入<500万元 Revenue<5 million Yuan	11466617	2783458	7283916	482174

2-16 高新技术企业中高技术产业制造业企业主要经济指标(按行业类别分类)

Main Indicators of High-tech Enterprises in Hi-tech Manufacture Fields by Industry Field

行业类别 Industry Field	入统企业数(个) Number of Enterprises to Collect Data (unit)	年末从业人员(人) Year End Number of Employees (person)	总收入(千元) Total Income (1000 yuan)	主营业务收入(千元) Revenue from Principal Business (1000 yuan)	工业总产值(千元) Gross Industrial Output Value (1000 yuan)
合　计 Total	**54683**	**18101968**	**19383737629**	**18485092313**	**17510644030**
#医药制造业 Manufacture of Medicines	2491	956694	865329191	834676293	874366506
航空、航天器及设备制造业 Manufacture of Aircrafts and Spacecrafts and Related Equipment	203	208892	132968711	128507200	118581795
电子及通信设备制造业 Manufacture of Electronic Equipment and Communication Equipment	4853	2390743	2272060191	2166643500	2271132834
计算机及办公设备制造业 Manufacture of Computers and Office Equipment	629	321673	454355125	446110747	429789656
医疗仪器设备及仪器仪表制造业 Manufacture of Medical Equipment and Measuring Instrument	3020	594221	463232415	453042837	504159155

2-16 续表　continued

行业类别 Industry Field	净利润(千元) Net Profit (1000 yuan)	上缴税费(千元) Taxes Submitted (1000 yuan)	出口创汇(千美元) Export (1000 USD)	年末资产(千元) Year End Assets (1000 yuan)	年末负债(千元) Year End Liabilities (1000 yuan)
合　计 Total	**1282521113**	**927736105**	**491583650**	**31527211796**	**17621213840**
#医药制造业 Manufacture of Medicines	104026315	77056690	12669543	1664095504	695420578
航空、航天器及设备制造业 Manufacture of Aircrafts and Spacecrafts and Related Equipment	7802197	3138275	2123959	293650553	167800069
电子及通信设备制造业 Manufacture of Electronic Equipment and Communication Equipment	120941469	89494713	125784780	3553020573	1692974997
计算机及办公设备制造业 Manufacture of Computers and Office Equipment	19601457	10199072	38252240	307517865	177773984
医疗仪器设备及仪器仪表制造业 Manufacture of Medical Equipment and Measuring Instrument	57441407	26712755	17043076	654767553	312248129

2-17 高新技术企业产品主要指标(按技术领域分类)

Main Indicators of Products of High-tech Enterprises by Technical Field

技术领域 Technical Field	产品种数 (个) Number of Products (piece)	工业总产值 (千元) Gross Industrial Output Value (1000 yuan)	销售收入 (千元) Sales Income (1000 yuan)	出口创汇 (千美元) Export (1000 USD)
合　计 Total	**150211**	**12434344470**	**12282310005**	**328010022**
#电子与信息领域 Electronics and Information Technology	37433	2374229115	2391948142	125543472
生物技术领域 Biotechnology	15817	1091785942	1054210669	16184739
新材料领域 New Materials	26918	2876492582	2823344697	62685802
光机电一体化 Integration of Optical and Electrical Machinery	36374	2466823194	2361515924	50892161
新能源及高效节能技术 New Energy and Energy Saving	10128	1246407827	1251233930	31970541
环境保护技术 Environmental Protection	5223	258851762	258949510	2887336
航空航天技术 Aerospace	854	69646404	69017961	1221240
地球,空间,海洋工程 Earth, Space, Ocean Engineering	544	69039316	55892512	3972114

2-18 高新技术企业产品主要指标(按出口国别分类)

Main Indicators of Products of High-tech Enterprises by Export Destination

出口地区 Export Destination	产品种数 (个) Number of Products (piece)	出口创汇 (千美元) Export (1000 USD)
合　计 Total	**150211**	**328010022**
#美国 USA	7663	94239148
日本 Japan	2414	23092166
南美 South America	1742	13680691
西欧 Western Europe	3763	28344810
北欧 North Europe	980	10445987
东欧 Eastern Europe	1581	9081023
港澳台 Hong Kong, Macao and Taiwan	3166	39172554
东南亚 Southeast Asia	7759	42060500

2-19 高新技术企业产品主要指标(按技术来源分类)

Main Indicators of Products of High-tech Enterprises by Technology Source

技术来源 Technology Source	产品种数 (个) Number of Products (piece)	工业总产值 (千元) Gross Industrial Output Value (1000 yuan)	销售收入 (千元) Sales Income (1000 yuan)	出口创汇 (千美元) Export (1000 USD)
合　计 Total	**150211**	**12434344470**	**12282310005**	**328010022**
#国外技术 Foreign Technologies	1617	420366464	413704325	14274779
中科院 Chinese Academy of Sciences	537	43766231	40607403	466704
其它部委属科研院所 Research Institutes of Other Ministries	780	69044804	75172376	592938
地方属科研院所 Local Research Institutes	626	40049997	40374201	290365
大专院校 Universities	2246	156360724	152811238	2043644
国有大中型企业 State-owned Large and Medium-sized Enterprises	932	362142947	345681585	2426257
其它各类企业 Other Types of Enterprises	608	82110188	81383292	958493
国内其它单位 Other Domestic Institutes	781	56408831	55310035	363055
引进技术本企业消化创新 Adopted and Renovated Technologies	10256	1602669693	1566875043	46302289
本企业自有技术 Enterprises Owned Technologies	131828	9601424591	9510390507	260291498

第三部分

国家火炬计划项目

The Third Part

National Torch Program Projects

3-1 火炬计划项目主要经济指标

Main Economic Indicators of Torch Program Projects

年 份 Year	统计项目 (个) Number of Statistical Projects (item)	工业总产值 (亿元) Gross Industrial Output Value (100 million yuan)	产品销售收入 (亿元) Product Sales Income (100 million yuan)	利税总额 (亿元) Total Value of Profits and Taxes (100 million yuan)	出口创汇 (亿美元) Export (100 million USD)
1995	1859	286.8	251.3	51.7	4.3
1996	2029	411.8	359.9	68.4	3.4
1997	1987	544.5	488.0	87.1	5.8
1998	2249	732.0	688.0	133.0	9.0
1999	2742	1068.0	958.0	187.0	11.0
2000	2797	1153.4	1073.0	254.4	14.1
2001	3501	1298.0	1170.0	240.0	16.0
2002	3734	1324.1	1235.6	257.1	19.5
2003	4381	1908.7	1804.1	385.5	35.0
2004	4582	2255.0	2145.1	418.4	36.3
2005	4829	2572.0	2492.0	478.0	46.0
2006	5514	3112.0	2982.0	535.0	61.0
2007	5447	3392.2	3247.8	606.4	67.7
2008	5684	3563.8	3380.6	575.5	93.0
2009	4952	3293.6	3165.1	571.5	79.6
2010	5428	4369.7	4099.2	777.0	92.7
2011	5208	4095.1	3840.4	660.3	83.6
2012*	5021	3700.8	3646.7	560.5	78.6
2013	5268	3761.3	3566.2	640.3	109.1

注：2012年起，为更准确的反映火炬项目执行情况，火炬计划项目统计分为产业化和环境建设两大类，原有工业总产值等指标为产业化类项目统计指标，环境建设类项目不再统计。从2012年起，统计项目数为入统的产业化类项目的数据，即面上项目中的产业化项目和重大项目中的产业集群企业技术创新子项目的数据。

3-2 火炬计划项目基本情况(按地区分类)

Main Indicators of Torch Program Projects by Region

单位：个 (item)

地区	Region	统计项目数 Number of Projects	面上项目 General Projects		重大项目 Key Projects		国家高新区内项目数 Projects in State Level Science and Technology Industrial Parks	参与国际合作项目 International Cooperation Projects
			产业化项目数 Number of Industrialization Projects	环境建设项目数 Number of Projects for Environment Building	创新型产业集群项目数 Number of Innovative Industrial Cluster Projects	科技服务体系项目数 Number of S & T Service System Projects		
合计	**Total**	**6059**	**5113**	**699**	**169**	**78**	**1669**	**334**
北京	Beijing	254	187	52	4	11	184	39
天津	Tianjin	96	59	32	3	2	27	3
河北	Hebei	63	35	15	13		11	4
山西	Shanxi	56	41	15			13	2
内蒙古	Inner Mongolia	37	31	4	2		10	1
辽宁	Liaoning	108	83	18	7		35	11
沈阳	Shenyang	48	40	8			20	7
大连	Dalian	24	9	10	2	3	7	1
吉林	Jilin	65	45	10	6	4	29	3
长春	Changchun	13	10	3			8	2
黑龙江	Heilongjiang	101	72	22	3	4	34	4
哈尔滨	Harbin	25	23	2			7	3
上海	Shanghai	117	83	25	6	3	37	6
江苏	Jiangsu	1162	1066	82	7	7	205	42
南京	Nanjing	69	53	8	6	2	35	7
浙江	Zhejiang	1216	1193	15	6	2	90	31
宁波	Ningbo	135	126	5		4	14	3
安徽	Anhui	228	185	30	6	7	69	12
福建	Fujian	103	81	10	9	3	30	5
厦门	Xiamen	38	33	5			14	1
江西	Jiangxi	69	57	8	4		43	4
山东	Shandong	466	418	37	6	5	121	20
青岛	Qingdao	43	29	8	6		17	5
河南	Henan	158	130	22	6		45	7
湖北	Hubei	160	108	39	8	5	75	11
武汉	Wuhan	36	32	4			16	2
湖南	Hunan	70	44	21	5		38	6
广东	Guangdong	146	121	12	10	3	58	8
广州	Guangzhou	75	65	10			35	10
深圳	Shenzhen	98	80	14		4	37	15
广西	Guangxi	62	43	14	5		29	9
海南	Hainan	39	39				10	
重庆	Chongqing	72	56	14	2		20	9
四川	Sichuan	82	47	26	5	4	41	9
成都	Chengdu	21	18	3			12	1
贵州	Guizhou	68	48	18	2		20	2
云南	Yunnan	61	49	10	2		20	6
西藏	Tibet	5	3	2				
陕西	Shaanxi	75	41	16	13	5	46	12
西安	Xi'an	85	80	5			43	1
甘肃	Gansu	77	52	20	5		30	3
青海	Qinghai	34	20	6	8		3	
宁夏	Ningxia	31	28	3			3	1
新疆	Xinjiang	56	40	14	2		24	5
新疆兵团	Xinjiang Corps	12	10	2			4	1

注：本表中所列出的计划单列市和副省级城市的数据不包括在相应省的数据中，合计数为所列各省、市、自治区及兵团等各地区数据之和。

3-3 火炬计划项目资金情况(按地区分类)

Funding of Torch Program Projects by Region

单位：千元 (1000 yuan)

地区		计划总投资 Total Planned Investment	本年到位资金合计 Total Fund Raised this year	政府部门资金 Fund from Government	贷款 Loan	本年项目支出合计 Total Expenditure for Projects this year	研究开发费 R&D Investment
合计	**Total**	**196809785**	**84349681**	**1403588**	**19051336**	**60587900**	**19505147**
北京	Beijing	3247600	1471584	45056	105210	1075806	443530
天津	Tianjin	2627510	1252837	21121	433900	634268	113934
河北	Hebei	3566048	506010	15520	45900	336988	248717
山西	Shanxi	1152509	704118	32132	181900	485142	220357
内蒙古	Inner Mongolia	1314976	583940	28700	85060	475512	116213
辽宁	Liaoning	6917572	2613825	43985	380730	1698874	355318
沈阳	Shenyang	1076170	361849	18150	30200	254388	134445
大连	Dalian	282273	108157	4130	25011	73447	36299
吉林	Jilin	1649330	835058	22420	239400	466318	85357
长春	Changchun	148351	51362	2000	5000	49412	17409
黑龙江	Heilongjiang	3496177	855274	19320	198900	487298	104471
哈尔滨	Harbin	511524	280173	1100	38000	210392	95960
上海	Shanghai	1843460	968332	14372	30000	620986	259037
江苏	Jiangsu	33655515	17149669	368201	4425806	11069603	4919427
南京	Nanjing	2072913	929808	23697	103750	665202	413100
浙江	Zhejiang	17022735	8390163	74511	746110	6690454	2475512
宁波	Ningbo	2043916	954070	8955	132700	814799	216636
安徽	Anhui	13389938	7309437	36770	1844203	6301869	886366
福建	Fujian	2091499	855158	21450	182850	578792	226926
厦门	Xiamen	457927	128612	4344	27500	86476	61436
江西	Jiangxi	3342795	1636433	7480	612100	1496345	417352
山东	Shandong	30567387	10528692	145912	2663075	7991376	2349176
青岛	Qingdao	880427	549984	9880	8000	136506	94243
河南	Henan	15535804	5239295	90995	1939789	2760179	775642
湖北	Hubei	9524827	2328280	45766	648680	1717243	499133
武汉	Wuhan	2404978	1414771	14576	344887	1103557	198656
湖南	Hunan	2558281	1471197	39895	312004	998797	338144
广东	Guangdong	5297060	1753491	35676	226643	1422523	796896
广州	Guangzhou	1185867	237305	6606	800	214875	121123
深圳	Shenzhen	3183601	1409907	18903	124000	865467	337551
广西	Guangxi	2051114	441372	7825	55000	365534	173002
海南	Hainan	877694	396791	4270	108215	255605	73691
重庆	Chongqing	1650513	745313	12580	230300	585252	189624
四川	Sichuan	3845221	3386813	18568	781350	1989113	374836
成都	Chengdu	650390	599249	2650	275500	591456	45170
贵州	Guizhou	1241843	343466	19518	50000	298310	124985
云南	Yunnan	1933463	1005900	22556	368220	857586	153672
西藏	Tibet	23135	12300	1000		10940	10940
陕西	Shaanxi	2374322	700764	11330	125350	613021	269525
西安	Xi'an	1510237	584315	2955	6000	569874	259158
甘肃	Gansu	1406455	328650	31410	47100	252640	55397
青海	Qinghai	1978390	698778	18690	158000	589382	143937
宁夏	Ningxia	1262735	732972	19963	264000	666023	71053
新疆	Xinjiang	2700923	1263717	8050	426293	1109360	176389
新疆兵团	Xinjiang Corps	254380	230490	600	13900	50910	25402

3-4 火炬计划产业化类*项目指标(按地区分类)

Main Economic Indicators of Torch Program Industrialization Projects by Region

地区	Region	统计项目数(项) Number of Industrialization Projects (item)	工业总产值(千元) Gross Industrial Output Value (1000 yuan)	产品销售收入(千元) Sales Income (1000 yuan)	出口创汇(千美元) Export (1000 USD)	净利润(千元) Net Profit (1000 yuan)	上缴税金(千元) Taxes Submitted (1000 yuan)	专利授权数(项) Patents Granted (item)
合计	**Total**	**5268**	**376134526**	**356618723**	**10907982**	**40617302**	**22388610**	**12549**
北京	Beijing	191	10034596	9892062	306561	3680692	655543	339
天津	Tianjin	62	6289748	6242255	351088	390137	277138	133
河北	Hebei	48	16252718	16262701	658753	794750	432640	102
山西	Shanxi	41	3660592	3989893	18113	170341	180771	33
内蒙古	Inner Mongolia	32	5616008	5464014	104113	440146	683424	75
辽宁	Liaoning	88	4942358	4600973	36442	470504	287820	131
沈阳	Shenyang	40	5807960	5425915	57394	681756	286546	135
大连	Dalian	11	291383	220428	8150	15520	11245	17
吉林	Jilin	49	3245764	2688062	8267	566959	301522	58
长春	Changchun	10	257298	240674	5211	39536	26794	21
黑龙江	Heilongjiang	75	1670390	1621907	22798	217364	98540	79
哈尔滨	Harbin	23	1445703	1422966	9110	173794	96829	106
上海	Shanghai	89	8426934	8003159	171281	1000897	703275	227
江苏	Jiangsu	1073	85108153	80778857	2469642	8866290	5453382	3139
南京	Nanjing	59	7801744	6102356	338122	320540	319203	135
浙江	Zhejiang	1199	52010417	47370368	1504182	5303156	3027681	2006
宁波	Ningbo	126	6271552	6107454	212716	608263	319763	459
安徽	Anhui	191	12834296	12310094	297412	1336581	861456	769
福建	Fujian	90	4599157	4383810	65728	443304	308403	164
厦门	Xiamen	33	1588433	1424479	120156	352739	99638	37
江西	Jiangxi	61	6266611	5936202	161189	711124	478557	135
山东	Shandong	423	29392438	27887318	597125	3303836	1915109	907
青岛	Qingdao	34	1388623	1325364	35716	94586	43175	59
河南	Henan	136	10123718	9724797	275665	893000	520174	630
湖北	Hubei	116	11238769	10822629	1365462	877847	657285	228
武汉	Wuhan	32	3785328	3797392	42726	334821	278924	73
湖南	Hunan	49	6346165	7267257	565449	694405	478030	148
广东	Guangdong	130	12100221	12416343	155202	1232287	721375	344
广州	Guangzhou	65	2996060	2881533	23503	283171	200391	71
深圳	Shenzhen	80	7108208	8658715	287875	839501	514143	451
广西	Guangxi	48	3323472	3674572	106837	271397	175537	99
海南	Hainan	39	1249850	1411926	1485	185182	100367	40
重庆	Chongqing	58	1774779	2005043	14061	204353	102883	197
四川	Sichuan	49	5603803	5160470	93918	817161	272646	145
成都	Chengdu	18	350458	324309	3529	47912	28728	48
贵州	Guizhou	48	2604575	2297843	32993	186477	132675	164
云南	Yunnan	51	5619110	5012148	13675	502026	510649	75
西藏	Tibet	3	18587	14958		3408	714	2
陕西	Shaanxi	53	16267299	11470244	212096	329698	304757	174
西安	Xi'an	80	2413206	2346595	17150	1931913	71091	25
甘肃	Gansu	57	1700019	1615859	6392	152885	69024	278
青海	Qinghai	28	1335945	1195133	8198	199948	140704	19
宁夏	Ningxia	28	1866748	1769402	79965	178946	116893	26
新疆	Xinjiang	42	2841411	2816805	42532	443375	111026	36
新疆兵团	Xinjiang Corps	10	263919	233439		24774	12140	10

注：产业化类项目指以企业为主体承担的高新技术产业项目，包括面上项目中的产业化示范项目和创新型产业集群项目中的企业技术创新项目。

3-5 火炬计划产业化类项目主要经济指标(按技术领域分类)

Main Economic Indicators of Torch Program Industrialization Projects by Technology Field

技术领域 Technology Field	统计项目数 (项) Number of Industrialization Projects (item)	工业总产值 (千元) Gross Industrial Output Value (1000 yuan)	产品销售收入 (千元) Sales Income (1000 yuan)	出口创汇 (千美元) Export (1000 USD)	净利润 (千元) Net Profit (1000 yuan)	上缴税金 (千元) Taxes Submitted (1000 yuan)
合　计 Total	**5268**	**376134526**	**356618723**	**10907982**	**40617302**	**22388610**
电子与信息 Electronics and Information Technology	767	36073808	33255333	1195679	4265681	1837824
生物、医药技术 Biological and Medical Technology	666	50187140	47761765	2176212	6267554	4168670
新材料 New Materials	1246	92819758	89192052	3103903	9081611	5250606
机电一体化 Integration of Optical and Electrical Machinery	1626	94278756	89283679	1810324	13657315	6284158
新能源、高效节能 New Energy and Energy Saving	612	69691479	64430265	1755643	5016904	3313399
环境保护 Environmental Protection	211	7885884	7340738	40565	797800	470638
其它高技术领域 Other High-tech Fields	140	25197701	25354891	825656	1530437	1063315

3-6 火炬计划产业化类项目主要经济指标(按单位性质分类)

Main Economic Indicators of Torch Program Industrialization Projects by Undertakers' Unit Nature

单位性质 Unit Nature	统计项目数 (项) Number of Industrialization Projects (item)	工业总产值 (千元) Gross Industrial Output Value (1000yuan)	产品销售收入 (千元) Sales Income (1000yuan)	出口创汇 (千美元) Export (1000USD)	净利润 (千元) Net Profit (1000yuan)	上缴税金 (千元) Taxes Submitted (1000yuan)
合　计 Total	**5268**	**376134526**	**356618723**	**10907982**	**40617302**	**22388610**
事业型研究单位 Public Research Institutes	5	112206	158105		40262	21563
大专院校 Universities and Colleges	2	76000	59110		10048	2814
政府机关 Governments						
群众团体 NGOs	1					
其他事业单位 Other Public Institutions						
转制为企业后的科研院所 Research Institutes Transformed to Companies after Reform	28	587778	546901	7525	74263	45807
国有企业 State-owned Enterprises	256	46593471	40932185	1538278	2072977	1795789
集体所有制企业 Collective-owned Enterprises	32	1340438	1304495	16689	159130	84430
私营企业 Private Enterprises	2138	113177846	108364282	2289008	13722272	7029256
合资企业 Joint Venture Enterprises	2302	168835414	163643128	5569340	19724103	10379971
外商投资企业 Foreign Funded Enterprises	148	16895747	14507498	537666	1739288	1203270
港澳台投资企业 Enterprises with Investment from HongKong, Macao and Taiwan	247	20208814	19387773	670386	2348765	1340369
其他内资企业 Other Domestic Enterprises	109	8306812	7715246	279090	726194	485341

3-7 火炬计划产业化类项目主要经济指标(按技术来源分类)

Main Economic Indicators of Torch Program Industrialization Projects by Source of Technology

技术来源 Source of Technology	统计项目数(项) Number of Industrialization Projects (item)	工业总产值(千元) Gross Industrial Output Value (1000 yuan)	产品销售收入(千元) Sales Income (1000 yuan)	出口创汇(千美元) Export (1000 USD)	净利润(千元) Net Profit (1000 yuan)	上缴税金(千元) Taxes Submitted (1000 yuan)
合　计 Total	**5268**	**376134526**	**356618723**	**10907982**	**40617302**	**22388610**
国外技术 Foreign Technology	11	829223	714454	7313	9365	38804
国内技术 Domestic Technology	580	51824005	46178517	1120285	4586317	3214008
自有技术 Own Technology	4677	323481298	309725752	9780384	36021620	19135798

3-8 火炬计划产业化类项目主要经济指标(按收入规模分类)

Main Economic Indicators of Torch Program Industrialization Projects by Revenue Scale

收入规模 Revenue Scale	统计项目数(项) Number of Industrialization Projects (item)	工业总产值(千元) Gorss Industrial Output Value (1000 yuan)	产品销售收入(千元) Sales Income (1000 yuan)	出口创汇(千美元) Export (1000 USD)	净利润(千元) Net Profit (1000 yuan)	上缴税金(千元) Taxes Submitted (1000 yuan)
合　计 Total	**5268**	**376134526**	**356618723**	**10907982**	**40617302**	**22388610**
收入≥1亿元 Revenue≥100 million yuan	637	243932149	232903491	8190202	24378203	13005335
1亿元>收入≥5千万 100 million yuan>Revenue≥50 million yuan	894	66768038	63462419	1456259	7248128	4390816
5千万>收入≥1千万 50 million yuan>Revenue≥10 million yuan	2148	59065748	54745297	1176650	8287169	4357900
1千万>收入≥5百万 10 million yuan>Revenue≥5 million yuan	513	4139568	3842095	58934	491035	481727
收入<5百万 Revenue<5 million yuan	1076	2229023	1665421	25937	212767	152832

3-9 火炬计划环境建设类*项目指标(按地区分类)

Main Economic Indicators of Torch Program Environment Building Projects by Region

地区	Region	统计项目数 (项) Number of Environment Building Projects (item)	服务企业数 (个) Number of Enterprises Served (item)	服务收入 (千元) Service Income (1000 yuan)	为企业增加销售额 (千元) Sales Increase of Served Enterprises (1000 yuan)	为企业增加利税 (千元) Profits and Taxes Increase of Served Enterprises (1000 yuan)
合计	**Total**	**791**	**397389**	**2522955**	**126819207**	**11179563**
北京	Beijing	63	166084	226790	2466940	162411
天津	Tianjin	34	8552	80231	5461024	626709
河北	Hebei	15	5322	18222	447576	123841
山西	Shanxi	15	1762	3643	341006	47113
内蒙古	Inner Mongolia	5	1728	3384	85206	4772
辽宁	Liaoning	20	1231	14551	1036100	126450
沈阳	Shenyang	8	295	2886	63252	3036
大连	Dalian	13	1066	6281	350746	39466
吉林	Jilin	16	563	2005	116054	21287
长春	Changchun	3	265	3140	43000	5120
黑龙江	Heilongjiang	26	4056	39086	256744	45008
哈尔滨	Harbin	2	61	359	70123	4363
上海	Shanghai	28	9398	27537	9233881	830816
江苏	Jiangsu	89	28498	285338	43976585	2196367
南京	Nanjing	10	4156	31760	326917	66189
浙江	Zhejiang	17	2730	7612	267651	32761
宁波	Ningbo	9	3821	16520	1270624	132523
安徽	Anhui	37	5635	28435	3170979	332261
福建	Fujian	13	1798	6284	536780	41337
厦门	Xiamen	5	1300	710	2759685	71220
江西	Jiangxi	8	2189	21419	1674645	440233
山东	Shandong	43	4155	76268	2487450	341813
青岛	Qingdao	9	2946	320688	342871	89487
河南	Henan	22	2946	112316	1550514	346841
湖北	Hubei	44	11745	278230	27127684	2495644
武汉	Wuhan	4	409	160	641451	62261
湖南	Hunan	21	9100	25438	1773216	163904
广东	Guangdong	16	1063	14257	236298	25934
广州	Guangzhou	10	2350	7250	2377866	59390
深圳	Shenzhen	18	84264	381257	4235185	424632
广西	Guangxi	14	1228	6510	526703	91852
海南	Hainan					
重庆	Chongqing	14	1660	5518	1760400	117975
四川	Sichuan	33	9653	189375	1937329	234429
成都	Chengdu	3	1191	5194	40000	3000
贵州	Guizhou	20	3192	187256	2167158	496517
云南	Yunnan	10	1367	8486	1554590	171483
西藏	Tibet	2	159			
陕西	Shaanxi	22	3093	40026	1216369	64551
西安	Xi'an	5	412	11435	1608061	461042
甘肃	Gansu	20	4632	10948	157423	15362
青海	Qinghai	6	356	3100	304000	10800
宁夏	Ningxia	3	25	186	1800	90
新疆	Xinjiang	14	932	7864	817321	149273
新疆兵团	Xinjiang Corps	2	1	5000		

注：环境建设类项目指为企业、机构和集群等提供公共服务的平台类项目，包括面上项目中的环境建设项目和重大项目中创新型产业集群平台子项目和科技服务体系子项目。

3-10 火炬计划环境建设类项目主要服务效益(按技术领域分类)

Main Service Performance Indicators of Torch Program Environment Building Projects by Technology Field

技术领域 Technology Field	统计项目数 (项) Number of Environment Building Projects (item)	服务企业数 (个) Number of Enterprises Served (item)	服务收入 (千元) Service Income (1000 yuan)	为企业增加销售额 (千元) Sales Increase of Served Enterprises (1000 yuan)	为企业增加利税 (千元) Profits and Taxes Increase of Served Enterprises (1000 yuan)
合　计 Total	**791**	**397389**	**2522955**	**126819207**	**11179563**
电子与信息 Electronics and Information Technology	243	148051	484223	22654026	3001289
生物、医药技术 Biological and Medical Technology	46	4622	208876	2379410	271578
新材料 New Materials	39	3576	61051	2656027	277350
机电一体化 Integration of Optical and Electrical Machinery	74	8258	478956	4149782	685159
新能源、高效节能 New Energy and Energy Saving	32	3135	138754	1874971	185125
环境保护 Environmental Protection	23	3579	147191	722286	111975
其它高技术领域 Other High-tech Fields	334	226168	1003904	92382705	6647087

3-11 火炬计划环境建设类项目主要服务效益(按单位性质分类)

Main Service Performance Indicators of Torch Program Environment Building Projects by Undertakers' Unit Nature

单位性质 Unit Nature	统计项目数 (项) Number of Environment Building Projects (item)	服务企业数 (个) Number of Enterprises Served (item)	服务收入 (千元) Service Income (1000 yuan)	为企业增加销售额 (千元) Sales Increase of Served Enterprises (1000 yuan)	为企业增加利税 (千元) Profts and Taxes Increase of Served Enterprises (1000 yuan)
合　计 **Total**	**791**	**397389**	**2522955**	**126819207**	**11179563**
事业型研究单位 Public Research Institutes	74	14364	220766	3551644	430895
大专院校 Universities and Colleges	15	2094	21848	452784	30674
政府机关 Governments	7	679	650	1115620	46381
群众团体 NGOs	14	6155	6143	1579333	314593
其他事业单位 Other Public Institutions	282	101441	378537	65445440	4940889
转制为企业后的科研院所 Research Institutes Transformed to Companies after Reform	15	3370	200770	246345	27220
国有企业 State-owned Enterprises	147	144558	544480	28275573	2851466
集体所有制企业 Collective-owned Enterprises	12	2762	20194	3666846	228989
私营企业 Private Enterprises	78	10090	176118	3519466	307819
合资企业 Joint Venture Enterprises	128	110411	818981	18699150	1962723
外商投资企业 Foreign Funded Enterprises	4	38	10941	89777	27853
港澳台投资企业 Enterprises with Investment from HongKong, Macao and Taiwan					
其他内资企业 Other Domestic Enterprises	15	1427	123527	177229	10061

第四部分

科技企业孵化器

The Fourth Part

Technology Business Incubators (TBIs)

4-1 全国科技企业孵化器主要经济指标

Main Economic Indicators of TBIs

年 份 Year	孵化器数量 (个) Number of TBIs (unit)	场地面积 (万平方米) Space Area (10000 sq.m)	在孵企业 (个) Number of Tenants (unit)	在孵企业总收入 (亿元) Total Income of Tenants (100 million yuan)	累计毕业企业 (个) Accumulated Number of Graduated Tenants (unit)	在孵企业人数 (万人) Number of Employees of Tenants (10000 person)
1995	73	40.2	1854	24.2	364	2.57
1996	80	56.6	2476	36.3	648	3.78
1997	80	77.5	2670	40.8	825	4.56
1998	77	88.4	4138	60.7	1316	6.9
1999	110	188.8	5293	95.8	1934	9.16
2000	164	339.5	8653	207	2790	14.4
2001	324	634.7	14270	422.4	4281	28.4
2002	378	632.6	20993	230.5	6207	36.3
2003	431	1358.9	27285	759.3	8981	48.3
2004	464	1515.1	33213	1121.7	11718	55.2
2005	534	1969.9	39491	1625.4	15815	71.7
2006	548	2008.0	41434	1926	19896	79.3
2007	614	2269.8	44750	2621	23394	93.3
2008	670	2315.5	44346	1866.2	31764	92.8
2009	772	2901.3	50511	2000.8	32301	101.2
2010	896	3043.9	56382	3329.5	36485	117.8
2011	1034	3472.1	60936	3800.6	39562	125.6
2012	1239	4375.8	70217	4147.1①	45160	143.7
2013	1468②	5379.3	77677	3308.8	52146	158.3

注：①2013中国火炬统计年鉴中2012年在孵企业总收入数据有误，本年鉴为修改后的数据。

②2013年上报数据的孵化器数量为1468家，其中国家级孵化器504家，非国家级孵化器964家。其中4家国家级孵化器未上报统计数据，其他各项统计指标数据为1464家孵化器上报的统计数据。

4-2 全国科技企业孵化器基本情况(按地区分类)

General Statistics of TBIs by Region

地　区	Region	孵化器数量（个）Number of TBIs (unit)	孵化器总收入（千元）Total Income of TBIs (1000 yuan)	综合服务收入（千元）Comprehensive Service Income (1000 yuan)	孵化基金总额（千元）Total Incubator Fund (1000 yuan)	累计公共技术服务平台投资额（千元）Accumulated Investment of the Public Service Platform (1000 yuan)	创业导师人数（人）Number of Innovation Instructors (person)
合　计①	**Total**	**1468②**	**29234873**	**12903482**	**18245079**	**29305541**	**9262**
东部地区	the Eastern Region	1055	19004357	5224440	13523270	16228871	6240
中部地区	the Middle Region	195	1906473	505362	1813027	1513082	1190
西部地区	the Westren Region	130	1420801	595124	1837927	10758006	1322
东北地区	the Northeast Region	88③	6903242	6578556	1070856	805581	510
北　京	Beijing	92	1778550	424058	3782202	856792	727
天　津	Tianjin	114	426383	111085	297658	352282	781
河　北	Hebei	42	773375	72262	297257	160012	163
山　西	Shanxi	12	185060	106025	57169	108048	56
内蒙古	Inner Mongolia	15	218819	142577	94790	9032533	83
辽　宁	Liaoning	29④	187594	97451	188940	393953	221
吉　林	Jilin	28	6402865	6363277	260043	324011	180
黑龙江	Heilongjiang	31	312783	117828	621873	87618	109
上　海	Shanghai	94	2156393	710944	1565733	379861	416
江　苏	Jiangsu	444	10497841	2323445	3936774	4760757	2464
浙　江	Zhejiang	53	463873	154771	438877	430078	523
安　徽	Anhui	65	187417	91221	284920	362100	275
福　建	Fujian	42	145863	27343	131526	93699	97
江　西	Jiangxi	7	31848	18460	35100	95266	56
山　东	Shandong	65	898732	649335	688196	7743592	449
河　南	Henan	54	576393	128927	581104	195303	251
湖　北	Hubei	44	756064	86206	441106	246632	406
湖　南	Hunan	13	169690	74523	413628	505733	146
广　东	Guangdong	108	1861847	751197	2380047	1436798	599
广　西	Guangxi	10	75775	26191	60030	117960	69
海　南	Hainan	1	1500		5000	15000	21
重　庆	Chongqing	16	77070	28472	67076	155112	208
四　川	Sichuan	35	479937	214676	797795	769287	240
贵　州	Guizhou	2	30456	23882	50000	60050	23
云　南	Yunnan	13	93255	13545	33700	98589	205
西　藏	Tibet	1			9480	4000	
陕　西	Shaanxi	24	383460	103568	610951	413260	296
甘　肃	Gansu	4	17660	13776	74905	43363	17
青　海	Qinghai	3	30420	23686	4200	4300	76
宁　夏	Ningxia	3	3289	1434	6000	12750	25
新　疆	Xinjiang	4	10660	3318	29000	46802	80
大　连*	Dalian	13⑤	65489	34907	67530	142203	94
宁　波*	Ningbo	7	53986	15923	95552	66713	67
厦　门*	Xiamen	3	77198	6213	94584	15946	27
青　岛*	Qingdao	14	118697	46283	336080	89014	154
深　圳*	Shenzhen	36	601659	200237	776263	729526	187

注：①标"*"为计划单列市，5个计划单列市的孵化器相关数据已经涵盖在所属省份的孵化器数据中，不计入合计数，后同。
②2013年孵化器数量为1468家，其中4家国家级孵化器未上报统计数据，其他各项统计数据指标为1464家孵化器上报的统计汇总数据。
③东北地区孵化器数量88家，其中4家国家级孵化器未上报统计数据，其他各项统计数据指标为84家孵化器上报的统计数据。
④辽宁省孵化器数量29家，其中4家国家级孵化器未上报统计数据，其他各项统计数据指标为25家孵化器上报的统计数据。
⑤大连市孵化器数量13家，其中3家国家级孵化器未上报统计数据，其他各项统计数据指标为10家孵化器上报的统计数据。

4-3 全国科技企业孵化器孵化企业情况(按地区分类)

Tenants Statistics of State Level TBIs by Region

地 区	Region	企业总数 (个) Total Number of Tenants (unit)	在孵企业数 (个) Number of Tenants (unit)	累计获投融资企业数 (个) Accumulated Number of Tenants Obtained Investment and Finance (unit)	在孵企业累计获风险投资额 (千元) Accumulated Amount of Venture Capital for Tenants (1000 yuan)
合 计	**Total**	**90960**	**77677**	**29900**	**43621580**
东部地区	the Eastern Region	61919	52344	22987	33562835
中部地区	the Middle Region	12369	11217	2946	4572979
西部地区	the Westren Region	10965	9001	3439	4055388
东北地区	the Northeast Region	5707	5115	528	1430378
北 京	Beijing	6645	5062	1173	10405976
天 津	Tianjin	4990	3920	2180	1016250
河 北	Hebei	2383	2073	5550	291850
山 西	Shanxi	605	602	184	198129
内蒙古	Inner Mongolia	636	546	133	46060
辽 宁	Liaoning	2146	1988	318	713206
吉 林	Jilin	1672	1430	81	98700
黑龙江	Heilongjiang	1889	1697	129	618472
上 海	Shanghai	5667	4452	4202	6797326
江 苏	Jiangsu	23485	20594	2837	7410886
浙 江	Zhejiang	4826	4253	4919	1675809
安 徽	Anhui	2478	2241	654	780636
福 建	Fujian	1311	1179	246	1330612
江 西	Jiangxi	592	544	85	113650
山 东	Shandong	4823	4354	887	1041710
河 南	Henan	3288	2874	743	794258
湖 北	Hubei	3331	3163	876	1814557
湖 南	Hunan	2075	1793	404	871749
广 东	Guangdong	7703	6398	992	3582416
广 西	Guangxi	1006	865	61	92910
海 南	Hainan	86	59	1	10000
重 庆	Chongqing	1144	993	279	194928
四 川	Sichuan	2507	2018	962	1347440
贵 州	Guizhou	508	442	46	65400
云 南	Yunnan	1009	948	85	54324
西 藏	Tibet	52	22		
陕 西	Shaanxi	2975	2235	1827	2223566
甘 肃	Gansu	380	344	37	11210
青 海	Qinghai	302	183	3	
宁 夏	Ningxia	158	142	2	110
新 疆	Xinjiang	288	263	4	19440
大 连	Dalian	828	763	150	369700
宁 波	Ningbo	881	798	164	302657
厦 门	Xiamen	593	517	193	1212912
青 岛	Qingdao	1219	1006	177	146830
深 圳	Shenzhen	2359	2201	338	1709344

4-4 全国科技企业孵化器人员情况(按地区分类)

Personnel Statistics of TBIs by Region

单位：人 (person)

地区	Region	管理机构从业人员数 Total Number of Management Personnel	大专以上人员 Number of Personnel with College and Higher Level Education	留学回国人员 Number of Returned Overseas Personnel
合计	**Total**	**26742**	**23817**	**1028**
东部地区	the Eastern Region	18793	16753	823
中部地区	the Middle Region	3589	3138	105
西部地区	the Westren Region	2646	2365	50
东北地区	the Northeast Region	1714	1561	50
北京	Beijing	2002	1787	96
天津	Tianjin	1636	1513	53
河北	Hebei	862	754	33
山西	Shanxi	265	196	30
内蒙古	Inner Mongolia	242	204	6
辽宁	Liaoning	578	557	18
吉林	Jilin	534	442	8
黑龙江	Heilongjiang	602	562	24
上海	Shanghai	1317	1196	70
江苏	Jiangsu	7846	6846	388
浙江	Zhejiang	854	794	8
安徽	Anhui	923	722	7
福建	Fujian	542	498	3
江西	Jiangxi	165	165	6
山东	Shandong	1177	1116	71
河南	Henan	1099	1035	22
湖北	Hubei	778	673	34
湖南	Hunan	359	347	6
广东	Guangdong	2527	2219	101
广西	Guangxi	172	169	2
海南	Hainan	30	30	
重庆	Chongqing	310	284	4
四川	Sichuan	758	652	11
贵州	Guizhou	47	46	1
云南	Yunnan	312	291	4
西藏	Tibet	11	7	
陕西	Shaanxi	450	442	18
甘肃	Gansu	74	61	1
青海	Qinghai	110	54	
宁夏	Ningxia	96	93	1
新疆	Xinjiang	64	62	2
大连	Dalian	179	166	13
宁波	Ningbo	111	109	4
厦门	Xiamen	93	90	1
青岛	Qingdao	296	290	15
深圳	Shenzhen	770	692	52

4-5 全国科技企业孵化器孵化场地情况(按地区分类)

Space Statistics of TBIs by Region

单位：平方米 (sq.m)

地区	Region	总面积 Total Space Area	办公用房 Space for Office	企业用房 Space for Tenants	服务用房 Space for Service	其他 Others
合　计	**Total**	**53792880**	**3536797**	**36314192**	**6219891**	**7722000**
东部地区	the Eastern Region	36729911	2413165	23964505	4405056	5947185
中部地区	the Middle Region	8878638	408382	6438440	886679	1145137
西部地区	the Westren Region	5468460	557349	3875119	597847	438145
东北地区	the Northeast Region	2715872	157901	2036128	330309	191533
北　京	Beijing	2216003	121660	1357934	293337	443072
天　津	Tianjin	2560858	477416	1247600	218854	616989
河　北	Hebei	1422050	119292	923449	175938	203372
山　西	Shanxi	265764	22189	202103	27542	13930
内蒙古	Inner Mongolia	438571	33268	203906	42120	159276
辽　宁	Liaoning	886905	32934	679503	124843	49625
吉　林	Jilin	860456	44865	667680	110523	37388
黑龙江	Heilongjiang	968511	80102	688946	94943	104520
上　海	Shanghai	1383007	151557	942346	158131	130973
江　苏	Jiangsu	17659638	1095277	12078351	2164652	2321358
浙　江	Zhejiang	2031906	97833	1556039	203061	174972
安　徽	Anhui	1708840	75589	1168439	259448	205364
福　建	Fujian	860128	29797	664086	109966	56279
江　西	Jiangxi	203947	10530	136720	43289	13408
山　东	Shandong	2978672	87136	2305219	376394	209923
河　南	Henan	4124311	178330	2911246	293829	740906
湖　北	Hubei	1679244	104234	1252939	167368	154703
湖　南	Hunan	896532	17510	766993	95203	16826
广　东	Guangdong	5600650	232997	2876482	700924	1790247
广　西	Guangxi	549190	7148	470575	52178	19289
海　南	Hainan	17000	200	13000	3800	
重　庆	Chongqing	315064	24994	238220	39526	12324
四　川	Sichuan	1569338	163003	1046106	199312	160917
贵　州	Guizhou	236700	8000	197200	26000	5500
云　南	Yunnan	944417	243337	609692	58709	32679
西　藏	Tibet	2394	58	1207	435	694
陕　西	Shaanxi	850441	50633	643672	122044	34093
甘　肃	Gansu	151157	1675	114833	26187	8462
青　海	Qinghai	230400	11707	205553	9360	3780
宁　夏	Ningxia	82886	2400	70338	9348	800
新　疆	Xinjiang	97902	11126	73817	12628	331
大　连	Dalian	355237	6667	261321	60275	26974
宁　波	Ningbo	328525	11570	247218	37669	32068
厦　门	Xiamen	291998	2874	235020	32209	21895
青　岛	Qingdao	517551	12175	383726	79377	42272
深　圳	Shenzhen	1115163	38149	801437	168453	107124

4-6 全国科技企业孵化器当年在孵企业情况(按地区分类)

General Statistics of Tenants of TBIs by Region

地　区	Region	在孵企业人员数(人) Number of Employees of Incubated Tenants (person)	大专以上(人) Number of Employees with College and Higher Level Education (person)	批准知识产权数(个) Number of Approved Intellectual Property (piece)	发明专利数(个) Number of Invention Patent (piece)	承担国家级科技计划项目数(个) Number of National Science and Technology Projects (item)
合　计	**Total**	**1583492**	**1129963**	**75143**	**20655**	**2110**
东部地区	the Eastern Region	944537	704490	55512	14816	1198
中部地区	the Middle Region	309083	194486	9064	2111	291
西部地区	the Westren Region	207033	153911	7954	2827	484
东北地区	the Northeast Region	122839	77076	2613	901	137
北　京	Beijing	63892	53708	4837	1221	393
天　津	Tianjin	63482	50492	2188	733	40
河　北	Hebei	40059	28904	977	340	28
山　西	Shanxi	10791	8029	810	187	42
内蒙古	Inner Mongolia	9620	6378	182	77	28
辽　宁	Liaoning	41671	34347	1283	503	66
吉　林	Jilin	31027	19980	730	311	38
黑龙江	Heilongjiang	50141	22749	600	87	33
上　海	Shanghai	69215	53312	3672	854	51
江　苏	Jiangsu	389790	274035	23575	5922	323
浙　江	Zhejiang	65683	52933	3894	722	48
安　徽	Anhui	43445	26876	3046	532	62
福　建	Fujian	30757	20802	2207	475	68
江　西	Jiangxi	11179	9732	336	128	6
山　东	Shandong	87989	70474	3814	1007	52
河　南	Henan	91012	54775	1410	418	52
湖　北	Hubei	109563	61026	2327	404	110
湖　南	Hunan	43093	34048	1135	442	19
广　东	Guangdong	133132	99363	10262	3537	191
广　西	Guangxi	16913	11537	603	251	22
海　南	Hainan	538	467	86	5	4
重　庆	Chongqing	20269	15955	452	102	11
四　川	Sichuan	61801	43906	3705	1189	94
贵　州	Guizhou	5443	4889	229	102	22
云　南	Yunnan	15296	10365	344	122	48
西　藏	Tibet	2312	1504	59	54	25
陕　西	Shaanxi	58134	46869	1830	716	154
甘　肃	Gansu	4295	3564	264	113	53
青　海	Qinghai	5921	3752	96	47	14
宁　夏	Ningxia	3903	2612	129	34	8
新　疆	Xinjiang	3126	2580	61	20	5
大　连	Dalian	14070	11337	636	310	19
宁　波	Ningbo	9615	7375	823	95	7
厦　门	Xiamen	10284	8052	1053	180	37
青　岛	Qingdao	18521	14570	549	233	14
深　圳	Shenzhen	51539	37726	4654	1306	78

4-7 全国科技企业孵化器毕业企业情况(按地区分类)

General Statistics of Graduated Tenants of TBIs by Region

单位：个 (unit)

地区	Region	累计毕业企业 Accumulated Number of Graduated Tenants	当年毕业企业 Number of Graduated Tenants of the Year	收入达千万元企业数 Number of Tenants with Income More than 10 million yuan
合计	**Total**	**52146**	**6969**	**2595**
东部地区	the Eastern Region	31912	4633	1817
中部地区	the Middle Region	8602	1105	433
西部地区	the Westren Region	6775	783	262
东北地区	the Northeast Region	4857	448	83
北京	Beijing	5337	542	181
天津	Tianjin	1567	177	57
河北	Hebei	1379	206	58
山西	Shanxi	634	62	30
内蒙古	Inner Mongolia	338	56	17
辽宁	Liaoning	2148	210	55
吉林	Jilin	1211	133	16
黑龙江	Heilongjiang	1498	105	12
上海	Shanghai	1710	237	84
江苏	Jiangsu	8679	1764	800
浙江	Zhejiang	3482	494	161
安徽	Anhui	1508	239	94
福建	Fujian	1333	132	88
江西	Jiangxi	536	100	16
山东	Shandong	3559	432	168
河南	Henan	2232	285	94
湖北	Hubei	2731	321	134
湖南	Hunan	961	98	65
广东	Guangdong	4839	622	216
广西	Guangxi	721	59	18
海南	Hainan	27	27	4
重庆	Chongqing	909	99	50
四川	Sichuan	1835	232	81
贵州	Guizhou	126	27	12
云南	Yunnan	619	78	10
西藏	Tibet	20	4	
陕西	Shaanxi	1723	162	42
甘肃	Gansu	206	11	7
青海	Qinghai	58	9	5
宁夏	Ningxia	59	22	12
新疆	Xinjiang	161	24	8
大连	Dalian	827	81	24
宁波	Ningbo	793	115	39
厦门	Xiamen	764	72	69
青岛	Qingdao	652	93	47
深圳	Shenzhen	2289	283	59

4-8 国家级科技企业孵化器基本情况(按地区分类)

General Statistics of State Level TBIs by Region

地　区	Region	孵化器数量 (个) Number of TBIs (unit)	孵化器总收入 (千元) Total Income of TBIs (1000 yuan)	综合服务收入 (千元) Comprehensive Service Income (1000 yuan)	孵化基金总额 (千元) Total Incubator Fund (1000 yuan)	累计公共技术服务平台投资额 (千元) Accumulated Investment of the Public Service Platform (1000 yuan)	创业导师人数 (人) Number of Innovation Instructors (person)
合　计	**Total**	**504**①	**7017594**	**1967159**	**11368488**	**7199788**	**5566**
东部地区	the Eastern Region	312	5284191	1364182	8832873	4275556	3399
中部地区	the Middle Region	76	642019	187106	1193207	1090629	825
西部地区	the Westren Region	68	705439	251406	960997	1101962	938
东北地区	the Northeast Region	48②	385945	164464	381411	731640	404
北　京	Beijing	30	951068	153030	3568822	552433	387
天　津	Tianjin	23	166764	36188	146691	231770	402
河　北	Hebei	13	69369	14638	117007	126005	106
山　西	Shanxi	7	22333	6173	54869	106558	51
内蒙古	Inner Mongolia	5	72136	36931	68060	44363	74
辽　宁	Liaoning	29③	187594	97451	188940	393953	221
吉　林	Jilin	9	54123	44494	97478	253038	91
黑龙江	Heilongjiang	10	144228	22519	94993	84650	92
上　海	Shanghai	26	522005	127150	581868	244621	180
江　苏	Jiangsu	94	2129169	579303	1798940	1293180	1033
浙　江	Zhejiang	39	419914	141267	410877	380582	444
安　徽	Anhui	13	83521	32140	98797	105127	164
福　建	Fujian	7	107558	19179	119354	71499	82
江　西	Jiangxi	7	31848	18460	35100	95266	56
山　东	Shandong	44	309607	107303	603096	901942	373
河　南	Henan	15	217518	20576	211117	100770	124
湖　北	Hubei	23	145937	53007	393696	191575	301
湖　南	Hunan	11	140863	56750	399628	491333	129
广　东	Guangdong	35	607237	186124	1481218	458525	371
广　西	Guangxi	6	44553	22328	50530	101310	63
海　南	Hainan	1	1500		5000	15000	21
重　庆	Chongqing	9	50059	21302	49560	138135	124
四　川	Sichuan	11	150788	43788	200135	268087	97
贵　州	Guizhou	2	30456	23882	50000	60050	23
云　南	Yunnan	7	65675	11131	26500	63546	144
西　藏	Tibet	1			9480	4000	
陕　西	Shaanxi	18	241518	59545	415627	377258	221
甘　肃	Gansu	2	6188	4364	71905	10363	13
青　海	Qinghai	3	30420	23686	4200	4300	76
宁　夏	Ningxia	2	3095	1240	6000	12750	25
新　疆	Xinjiang	2	10551	3209	9000	17800	78
大　连	Dalian	13④	65489	34907	67530	142203	94
宁　波	Ningbo	6	51046	15062	89552	62765	54
厦　门	Xiamen	3	77198	6213	94584	15946	27
青　岛	Qingdao	12	116343	45919	321080	57814	146
深　圳	Shenzhen	12	234076	113951	222600	140588	103

注：①2013年国家级孵化器数量为504家，其中4家国家级孵化器未上报统计数据，其他各项统计数据指标为500家国家级孵化器上报的统计数据。

②东北地区国家级孵化器数量48家，其中4家国家级孵化器未上报统计数据，其他各项统计数据指标为44家国家级孵化器上报的统计数据。

③辽宁省国家级孵化器数量29家，其中4家国家级孵化器未上报统计数据，其他各项统计数据指标为25家国家级孵化器上报的统计数据。

④大连市国家级孵化器数量13家，其中3家国家级孵化器未上报统计数据，其他各项统计数据指标为10家国家级孵化器上报的统计数据。

4-9 国家级科技企业孵化器孵化企业情况(按地区分类)

Tenants Statistics of State Level TBIs by Region

地 区	Region	企业总数 (个) Total Number of Tenants (unit)	在孵企业数 (个) Number of Tenants (unit)	累计获投融资企业数 (个) Accumulated Number of Tenants Obtained Investment and Finance (unit)	在孵企业累计获风险投资额 (千元) Accumulated Amount of Venture Capital for Tenants (1000 yuan)
合 计	**Total**	**53440**	**46926**	**23890**	**35548998**
东部地区	the Eastern Region	32537	28578	18133	27196251
中部地区	the Middle Region	8837	7971	2240	3968046
西部地区	the Westren Region	7957	6618	3041	3466783
东北地区	the Northeast Region	4109	3759	476	917918
北 京	Beijing	3042	2477	840	9999136
天 津	Tianjin	2155	1786	2066	237370
河 北	Hebei	1544	1366	5510	232350
山 西	Shanxi	509	506	184	198129
内蒙古	Inner Mongolia	556	470	133	46060
辽 宁	Liaoning	2146	1988	318	713206
吉 林	Jilin	891	818	63	87500
黑龙江	Heilongjiang	1072	953	95	117212
上 海	Shanghai	2435	2187	1062	5038308
江 苏	Jiangsu	9924	8933	1962	4610487
浙 江	Zhejiang	4024	3645	4851	1512109
安 徽	Anhui	1298	1178	524	605360
福 建	Fujian	957	842	229	1326412
江 西	Jiangxi	592	544	85	113650
山 东	Shandong	4147	3709	865	1025410
河 南	Henan	2145	1774	451	528881
湖 北	Hubei	2415	2329	620	1655277
湖 南	Hunan	1878	1640	376	866749
广 东	Guangdong	4223	3574	747	3204669
广 西	Guangxi	817	694	55	92910
海 南	Hainan	86	59	1	10000
重 庆	Chongqing	729	703	180	191928
四 川	Sichuan	1258	1199	751	889590
贵 州	Guizhou	508	442	46	65400
云 南	Yunnan	827	768	85	54324
西 藏	Tibet	52	22		
陕 西	Shaanxi	2265	1564	1748	2095811
甘 肃	Gansu	231	202	34	11210
青 海	Qinghai	302	183	3	
宁 夏	Ningxia	145	129	2	110
新 疆	Xinjiang	267	242	4	19440
大 连	Dalian	828	763	150	369700
宁 波	Ningbo	730	683	133	291957
厦 门	Xiamen	593	517	193	1212912
青 岛	Qingdao	1162	953	175	143830
深 圳	Shenzhen	1276	1159	314	1643844

4-10 国家级科技企业孵化器人员情况(按地区分类)

Personnel Statistics of State Level TBIs by Region

单位：人 (person)

地区	Region	管理机构从业人员数 Total Number of Management Personnel	大专以上人员 with College and Higher Level Education	留学回国人员 Returned Overseas Personnel
合　计	**Total**	**10438**	**9756**	**415**
东部地区	the Eastern Region	6277	5915	273
中部地区	the Middle Region	1570	1452	73
西部地区	the Westren Region	1517	1395	42
东北地区	the Northeast Region	1074	994	27
北　京	Beijing	935	843	39
天　津	Tianjin	366	358	15
河　北	Hebei	305	296	2
山　西	Shanxi	149	123	19
内蒙古	Inner Mongolia	92	75	6
辽　宁	Liaoning	578	557	18
吉　林	Jilin	243	192	6
黑龙江	Heilongjiang	253	245	3
上　海	Shanghai	554	502	42
江　苏	Jiangsu	1784	1689	89
浙　江	Zhejiang	609	584	7
安　徽	Anhui	235	222	2
福　建	Fujian	168	152	1
江　西	Jiangxi	165	165	6
山　东	Shandong	773	750	48
河　南	Henan	293	270	11
湖　北	Hubei	423	379	29
湖　南	Hunan	305	293	6
广　东	Guangdong	753	711	30
广　西	Guangxi	118	116	1
海　南	Hainan	30	30	
重　庆	Chongqing	184	173	4
四　川	Sichuan	256	251	6
贵　州	Guizhou	47	46	1
云　南	Yunnan	179	170	4
西　藏	Tibet	11	7	
陕　西	Shaanxi	378	372	16
甘　肃	Gansu	49	39	1
青　海	Qinghai	110	54	
宁　夏	Ningxia	56	56	1
新　疆	Xinjiang	37	36	2
大　连	Dalian	179	166	13
宁　波	Ningbo	78	77	4
厦　门	Xiamen	93	90	1
青　岛	Qingdao	258	252	14
深　圳	Shenzhen	222	216	15

4-11 国家级科技企业孵化器孵化场地情况(按地区分类)

Space Statistics of State Level TBIs by Region

单位：平方米 (sq.m)

地 区	Region	总面积 Total Space Area	办公用房 Space for Office	企业用房 Space for Tenants	服务用房 Space for Service	其他 Others
合　计	**Total**	**23082764**	**649649**	**17920219**	**2878614**	**1634283**
东部地区	the Eastern Region	14211960	425968	10964030	1813889	1008072
中部地区	the Middle Region	4141576	88897	3221833	427527	403319
西部地区	the Westren Region	3147525	86270	2535454	384610	141191
东北地区	the Northeast Region	1581704	48514	1198900	252588	81701
北　京	Beijing	942940	22768	637548	196261	86363
天　津	Tianjin	620583	21265	490497	77823	30998
河　北	Hebei	660605	16680	499703	60480	83743
山　西	Shanxi	191686	3549	149278	25984	12875
内蒙古	Inner Mongolia	130107	4517	109528	14891	1170
辽　宁	Liaoning	886905	32934	679503	124843	49625
吉　林	Jilin	411823	8250	318025	79993	5555
黑龙江	Heilongjiang	282976	7330	201373	47752	26521
上　海	Shanghai	620341	21935	490899	76686	30821
江　苏	Jiangsu	5103230	192666	3959269	561360	389936
浙　江	Zhejiang	1599026	67613	1240423	159018	131972
安　徽	Anhui	434137	5800	360152	57027	11157
福　建	Fujian	432856	6100	345541	52679	28536
江　西	Jiangxi	203947	10530	136720	43289	13408
山　东	Shandong	2348183	46624	1852375	302595	146589
河　南	Henan	1569534	36180	1127822	106199	299333
湖　北	Hubei	920226	16825	747233	106449	49719
湖　南	Hunan	822046	16013	700628	88579	16826
广　东	Guangdong	1867196	30118	1434777	323186	79114
广　西	Guangxi	461854	5959	393470	46984	15441
海　南	Hainan	17000	200	13000	3800	
重　庆	Chongqing	227667	10954	170642	35946	10124
四　川	Sichuan	556654	23311	396720	84364	52259
贵　州	Guizhou	236700	8000	197200	26000	5500
云　南	Yunnan	362301	4592	328048	18208	11453
西　藏	Tibet	2394	58	1207	435	694
陕　西	Shaanxi	734441	11913	575658	113578	33293
甘　肃	Gansu	86486	954	61246	16810	7476
青　海	Qinghai	230400	11707	205553	9360	3780
宁　夏	Ningxia	40100	1480	30352	8268	
新　疆	Xinjiang	78422	2826	65830	9766	
大　连	Dalian	355237	6667	261321	60275	26974
宁　波	Ningbo	268525	8070	198018	34669	27768
厦　门	Xiamen	291998	2874	235020	32209	21895
青　岛	Qingdao	459551	8919	346776	70236	33619
深　圳	Shenzhen	463503	9768	391496	53923	8316

4-12 国家级科技企业孵化器当年在孵企业情况(按地区分类)

General Statistics of Tenants of State Level TBIs by Region

地 区	Region	在孵企业人员数(人) Number of Employees of Incubated Tenants (person)	大专以上(人) with College and Higher Level Education (person)	批准知识产权数(个) Number of Approved Intellectual Property (piece)	发明专利数(个) Number of Invention Patent (piece)	承担国家级科技计划项目数(个) Number of National Science and Technology Projects (item)
合 计	**Total**	**899633**	**707497**	**45292**	**11974**	**1504**
东部地区	the Eastern Region	506398	399738	31669	7878	802
中部地区	the Middle Region	175438	136115	6107	1571	234
西部地区	the Westren Region	146398	114372	5374	1863	342
东北地区	the Northeast Region	71399	57272	2142	662	126
北 京	Beijing	39297	34711	2338	667	317
天 津	Tianjin	31656	27704	962	326	31
河 北	Hebei	24280	17895	630	236	24
山 西	Shanxi	8455	6307	707	139	30
内蒙古	Inner Mongolia	7215	5193	121	58	18
辽 宁	Liaoning	41671	34347	1283	503	66
吉 林	Jilin	16381	11290	486	110	29
黑龙江	Heilongjiang	13347	11635	373	49	31
上 海	Shanghai	34062	27043	2267	480	40
江 苏	Jiangsu	152392	118123	11050	2496	152
浙 江	Zhejiang	58320	47208	3350	592	45
安 徽	Anhui	17468	13551	1563	333	46
福 建	Fujian	17683	14198	1502	298	48
江 西	Jiangxi	11179	9732	336	128	6
山 东	Shandong	73717	59219	2872	754	48
河 南	Henan	49168	36558	894	264	48
湖 北	Hubei	49519	38682	1561	302	85
湖 南	Hunan	39649	31285	1046	405	19
广 东	Guangdong	74453	53170	6612	2024	93
广 西	Guangxi	11122	8723	439	188	18
海 南	Hainan	538	467	86	5	4
重 庆	Chongqing	16717	13914	385	89	10
四 川	Sichuan	29498	23661	1808	463	31
贵 州	Guizhou	5443	4889	229	102	22
云 南	Yunnan	12764	8838	262	98	32
西 藏	Tibet	2312	1504	59	54	25
陕 西	Shaanxi	46224	36785	1628	658	110
甘 肃	Gansu	2522	2065	191	65	51
青 海	Qinghai	5921	3752	96	47	14
宁 夏	Ningxia	3706	2570	129	34	8
新 疆	Xinjiang	2954	2478	27	7	3
大 连	Dalian	14070	11337	636	310	19
宁 波	Ningbo	8658	6467	640	95	6
厦 门	Xiamen	10284	8052	1053	180	37
青 岛	Qingdao	17867	13983	531	217	12
深 圳	Shenzhen	27596	17139	2853	823	43

4-13 国家级科技企业孵化器毕业企业情况(按地区分类)

General Statistics of Graduated Tenants of State Level TBIs by Region

单位：个 (unit)

地 区	Region	累计毕业企业 Accumulated Number of Graduated Tenants	当年毕业企业 Number of Graduated Tenants of the Year	收入达千万元企业数 Number of Tenants with Income More than 10 million yuan
合 计	**Total**	**40973**	**4518**	**1799**
东部地区	the Eastern Region	24633	2862	1223
中部地区	the Middle Region	6416	730	301
西部地区	the Westren Region	5641	562	198
东北地区	the Northeast Region	4283	364	77
北 京	Beijing	3581	310	126
天 津	Tianjin	1347	107	28
河 北	Hebei	1071	139	54
山 西	Shanxi	339	48	29
内蒙古	Inner Mongolia	304	41	15
辽 宁	Liaoning	2148	210	55
吉 林	Jilin	947	74	13
黑龙江	Heilongjiang	1188	80	9
上 海	Shanghai	1353	148	63
江 苏	Jiangsu	5902	849	415
浙 江	Zhejiang	3055	412	139
安 徽	Anhui	1007	122	38
福 建	Fujian	1276	108	83
江 西	Jiangxi	536	100	16
山 东	Shandong	3366	392	152
河 南	Henan	1137	113	56
湖 北	Hubei	2499	258	102
湖 南	Hunan	898	89	60
广 东	Guangdong	3655	370	159
广 西	Guangxi	695	50	13
海 南	Hainan	27	27	4
重 庆	Chongqing	760	80	50
四 川	Sichuan	1244	96	39
贵 州	Guizhou	126	27	12
云 南	Yunnan	598	76	10
西 藏	Tibet	20	4	
陕 西	Shaanxi	1478	136	32
甘 肃	Gansu	183	10	7
青 海	Qinghai	58	9	5
宁 夏	Ningxia	59	22	12
新 疆	Xinjiang	116	11	3
大 连	Dalian	827	81	24
宁 波	Ningbo	725	95	35
厦 门	Xiamen	764	72	69
青 岛	Qingdao	642	83	47
深 圳	Shenzhen	1656	171	46

第五部分

全国技术市场

The Fifth Part

Technology Market in China

5-1 全国技术合同成交情况

Statistics of Technology Contract Deals in Domestic Technical Markets

年 份 Year	合同数 (项) Number of Contracts (item)	技术合同交易额 (亿元) Value of Technology Contract Deals (100 million yuan)	交易额占国内生产总值 (%) Value of Technology Contract Deals as a Percentage of Gross Domestic Product (%)
2001	229702	782.0	0.71
2002	237093	884.0	0.73
2003	267997	1084.0	0.93
2004	264638	1334.0	0.98
2005	265010	1551.0	0.85
2006	205845	1818.0	0.87
2007	220868	2226.0	0.80
2008	226343	2665.0	0.89
2009	213752	3039.0	0.91
2010	229601	3906.6	0.98
2011	256428	4763.6	1.01
2012	282242	6437.1	1.24
2013	294929	7469.1	1.31

5-2 技术合同类别构成情况

Technology Contract Distribution by Category

合同类别 Category of Contract	合同数 (项) Number of Contracts (item)	合同交易额 (亿元) Value of Contract Deals (100 million yuan)	技术交易额 (亿元) Value of Technical Deals (100 million yuan)
合计 **Total**	**294929**	**7469.1**	**5874.4**
技术开发 **Technology Development**	**153959**	**2773.4**	**2309.8**
委托开发 Commissioned Development	146121	2604.1	2174.3
合作开发 Cooperated Development	7838	169.3	135.5
技术转让 **Technology Transfer**	**11797**	**1083.8**	**878.5**
技术秘密转让 Technical Secrets Transfer	7416	775.5	608.2
专利实施许可转让 Patent License Transfer	2301	239.6	205.7
专利权转让 Patent Right Transfer	1143	31.6	29.0
专利申请权转让 Patent Application Right Transfer	160	3.2	3.1
计算机软件著作权转让 Computer Software Copyright Transfer	381	21.1	20.8
集成电路布图设计专有权转让 Integrated Circuit Layout Design Exclusive Right Transfer	21	0.5	0.5
动、植物新品种权转让 New Species of Animals and Plants Patent Right Transfer	160	3.2	3.0
生物、医药新品种权转让 New Species of Biology and Medicine Patent Right Transfer	215	9.1	8.1
技术咨询 **Technology Consultation**	**32564**	**195.1**	**174.7**
技术服务 **Technology Service**	**96609**	**3416.9**	**2511.4**
一般性技术服务 Normal Technology Service	95480	3399.2	2502.3
技术中介 Technology Intermediary	124	3.2	1.8
技术培训 Technology Training	1005	14.5	7.2

5-3 技术合同知识产权构成情况

Technology Contract Distribution by Intellectual Right

知识产权 Intellectural Right	合同数 (项) Number of Contracts (item)	合同交易额 (亿元) Value of Contract Deals (100 million yuan)	技术交易额 (亿元) Value of Technical Deals (100 million yuan)
合计 **Total**	**294929**	**7469.1**	**5874.4**
技术秘密 **Technology Secrets**	**88649**	**2223.1**	**1178.2**
专利 **Patent**	**6951**	**569.6**	**445.1**
发明专利 Invention Patent	4330	286.5	220.0
实用新型专利 Utility Mode Patent	2384	281.2	223.4
外观设计专利 Design Patent	237	1.9	1.7
计算机软件 **Computer Software**	**49107**	**658.1**	**620.7**
动、植物新品种 **New Species of Animals and Plants**	**590**	**23.1**	**17.1**
集成电路布图设计 **IC Layout Design**	**1828**	**122.2**	**117.0**
生物、医药新品种 **New Species of Biology and Medicine**	**8747**	**197.3**	**189.1**
未涉及知识产权 **Others**	**139057**	**3675.7**	**2707.2**

5-4 技术合同技术领域构成情况

Technology Contract Distribution by Technical Field

技术领域 Technical Field	合同数 (项) Number of Contracts (item)	合同交易额 (亿元) Value of Contract Deals (100 million yuan)	技术交易额 (亿元) Value of Technical Deals (100 million yuan)
合计 **Total**	**294929**	**7469.1**	**5874.4**
电子信息技术 IT Technology	118496	1946.5	1801.5
航空航天技术 Aviation and Aerospace Technology	6340	164.1	148.8
先进制造技术 Advanced Manufacture Technology	25559	951.3	690.3
生物、医药和医疗器械技术 Biology,Medicine and Medical Machine Technology	21094	396.4	345.9
新材料及其应用 Advanced Material and Application	12859	321.2	211.5
新能源与高效节能 New Energy and Power Saving	22246	736.5	527.2
环境保护与资源综合利用技术 Environment Protection and Resource Utilization Technology	21707	680.4	482.6
核应用技术 Nuclear Application Technology	1059	335.5	299.8
农业技术 Agriculture Technology	11766	233.2	139.4
现代交通 Modern Transportation	10950	968.3	699.1
城市建设与社会发展 Urban Construction and Social Development	42853	735.9	528.2

5-5 技术合同社会-经济目标构成情况

Technology Contract Distribution by Social and Economic Objectives

经济目标 Economic Objective	合同数 (项) Number of Contracts (item)	合同交易额 (亿元) Value of Contract Deals (100 million yuan)	技术交易额 (亿元) Value of Technical Deals (100 million yuan)
合计 **Total**	**294929**	**7469.1**	**5874.4**
农业、林业和渔业的发展 Farming,Forestry and Fishery	13204	235.1	143.6
工商业发展 Industry Promotion	24452	782.1	575.8
能源的生产和合理利用 Energy Production and Application	24438	837.8	596.2
基础设施以及城市和农村规划 Infrastructure	24289	1399.7	994.1
环境治理与保护 Environmental Harness and Protection	19554	424.2	265.6
卫生(不包括污染) Sanitation (Excluding Pollution)	14666	233.8	204.9
社会发展和社会服务 Social Development and Social Service	96913	2033.1	1745.2
地球和大气层的探索与利用 Earth and Atmosphere Exploration and Utility	2516	16.4	16.0
知识的发展(教育事业发展) Knowledge Development	6500	57.8	55.5
民用空间 Civil Aerospace	3674	49.8	48.3
国防 Defense	7347	187.0	161.6
其他(非定向研究+其他) Others	57376	1212.3	1067.6

5-6 技术合同计划项目构成情况

Technology Contract Distribution by Science Program Project

计划类别 Category of Science Program	合同数 (项) Number of Contracts (item)	合同交易额 (亿元) Value of Contract Deals (100 million yuan)	技术交易额 (亿元) Value of Technical Deals (100 million yuan)
合计 **Total**	**294929**	**7469.1**	**5874.4**
国家计划 **National Science Program**	**8303**	**181.8**	**73.1**
高技术研究发展计划(863计划) Hi-Tech Research and Development Program of China	253	12.0	10.4
国际科技合作计划 International S&T Cooperation Program	142	3.2	3.1
国际热核聚变实验堆(ITER)计划专项 ITER Program	5	0.1	0.1
国家科技支撑计划 Key Technologies R&D Program	183	7.2	6.2
国家科技重大专项 National S&T Major Program	385	39.2	37.1
国家农业科技成果转化资金 Agriculture Science and Technology Achievement Transform Fund	102	1.2	1.0
国家软科学研究计划 National Soft Science Research Program	18		
国家重点新产品计划 National New Product Program	98	4.3	4.1
火炬计划 Torch Program	13	0.7	0.3
基础研究计划(973计划)和国家重大科学研究计划 National Basic Research Program and National Major Scientific Research Program of China	302	10.7	10.5
科技富民强县专项行动计划 S&T Program for County and Farmer Enrichment	6	0.6	0.1
科技惠民计划 S&T Program for Public Wellbeing	3	0.2	0.2
科技基础条件平台建设 S&T Infrastructure Program	8	0.1	0.1
科技型中小企业技术创新基金 Innovation Fund for Technology-Based Small and Medium Size Enterprises	348	5.5	3.0
科研院所技术开发研究专项资金 Special Technology Development Project for Research Institutions	23	0.2	0.2
其他 Other	4818	82.2	71.7
星火计划 Spark Program	23	0.8	0.2
自然科学基金 Natural Science Fund	1573	13.9	12.9
部门计划 **Science Program at Ministerial Level**	8292	236.7	317.6
省、自治区、直辖市及计划单列市计划 **Provincial Level Science Program**	**11269**	**378.6**	**383.4**
地市县计划 **Region Level Science Program**	**10774**	**391.9**	**122.1**
计划外 **Others not Supported by Program**	**256291**	**6280.1**	**4217.8**

5-7 卖方机构构成及交易情况

Technology Contract Distribution by Technology Seller

卖方类别 Category of Technology Seller	机构数 (个) Number of Seller (unit)	合同数 (项) Number of Contracts (item)	成交金额 (亿元) Value of Contract Deals (100 million yuan)	技术交易额 (亿元) Value of Technical Deals (100 million yuan)
合计 Total	**28329**	**294929**	**7469.1**	**5874.4**
机关法人 Governments	**223**	**1967**	**74.5**	**47.7**
事业法人 Public Organizations	**2252**	**104633**	**900.7**	**762.4**
科研机构 Research Institutes	1025	33118	501.0	418.4
高等院校 Higher Education	685	64368	329.5	296.2
医疗、卫生 Medical and Sanitation	126	2627	5.9	4.7
其它 Other	416	4520	64.3	43.1
社团法人 Social Organization	**117**	**1609**	**4.9**	**4.3**
企业法人 Enterprises	**25071**	**183430**	**6436.2**	**5018.6**
内资企业 Domestic Funded Enterprises	22174	167211	5170.9	3825.2
港澳台商投资企业 Enterprises with Funds from Hongkong,Macao and Taiwan	378	2512	138.0	132.2
外商投资企业 Foreign Funded Enterprises	1354	10686	818.0	777.9
个体经营 Private Enterprises	255	897	10.2	7.7
境外企业 Overseas Enterprises	910	2124	299.1	275.6
自然人 Natural Person	**441**	**1381**	**11.4**	**10.0**
其他组织 Other Organizations	**225**	**1909**	**41.4**	**31.3**

5-8 买方机构构成及交易情况

Technology Contract Distribution by Technology Buyer

买方类别 Category of Technology Buyer	合同数 (项) Number of Contracts (item)	合同交易额 (亿元) Value of Contract Deals (100 million yuan)	技术交易额 (亿元) Value of Technical Deals (100 million yuan)
合计 Total	**294929**	**7469.1**	**5874.4**
机关法人 Governments	**31578**	**1019.4**	**551.6**
事业法人 Public Organizations	**43394**	**508.2**	**435.9**
科研机构 Research Institutes	17825	195.0	149.0
高等院校 Higher Education	8057	59.6	54.8
医疗卫生 Medical and Sanitation	4266	18.3	14.6
其它 Other	13246	235.4	191.5
社团法人 Social Organizations	**820**	**8.1**	**7.7**
企业法人 Enterprises	**213392**	**5598.2**	**4596**
内资企业 Domestic Funded Enterprises	193994	4304.4	3443.9
港澳台商投资企业 Enterprises with Funds from Hongkong,Macao and Taiwan	1866	75.3	71.0
外商投资企业 Foreign Funded Enterprises	11826	561.2	491.7
个体经营 Private Enterprises	2195	19.2	16.1
境外企业 Overseas Enterprises	3511	638.2	573.3
自然人 Natural Person	**2512**	**7.3**	**6.5**
其他组织 Other Organizations	**3233**	**327.9**	**276.6**

5-9 重大技术合同构成情况
Key Technology Contract Composition

构成 Composition	合同数 (项) Number of Contracts (item)	成交金额 (亿元) Value of Contract Deals (100 million yuan)
一、合同类别 **Category of Contracts**		
合 计 **Total**	**7912**	**5369.7**
技术服务 Technology Service	2950	2798.7
技术开发 Technology Development	3452	1541.5
技术转让 Technology Transfer	1250	937.4
技术咨询 Technology Consultation	260	92.2
二、技术领域 **Technical Field**		
合 计 **Total**	**7912**	**5369.7**
电子信息技术 IT Technology	2211	1058.8
先进制造技术 Advanced Manufacture	1279	757.6
新能源与高效节能 New Energy and Energy Saving	865	548.3
现代交通 Modern Transportation	532	885.9
环境保护与资源综合利用技术 Environment Protection and Resource Comprehensive Utilization	530	578.7
新材料及其应用 Advanced Material and Application	448	232.7
生物、医药和医疗器械技术 Biology,Medicine and Medical Machine	578	254.4
城市建设与社会发展 Urban construction and Social Development	816	476.4
农业技术 Agriculture Technology	363	154.5
航空航天技术 Aviation and Aerospace Technology	235	95.5
核应用技术 Nuclear Application Technology	55	326.9
三、知识产权 **Intellectual Right**		
合 计 **Total**	**7912**	**5369.7**
技术秘密 Technology Secrets	2736	1580.8
专利 Patents	629	493.8
计算机软件 Computer Software	778	255.8
动、植物新品种 New Species of Plants and Animals	49	15.1
集成电路布图设计 IC Layout Design	94	103.5
生物、医药新品种 New Species of Biology and Medical	236	125.4
未涉及知识产权 Other	3390	2795.3

5-10 各省、自治区、直辖市技术合同登记情况

Technology Contract Distribution by Region

地　区	Region	合同数（项）Number of Contracts (item)	成交金额（亿元）Value of Contract Deals (100 million yuan)	排名 Ranking
合　计	**Total**	**294929**	**7469.1**	
北　京	Beijing	62743	2851.2	1
天　津	Tianjin	15817	300.7	7
河　北	Hebei	4201	31.6	24
山　西	Shanxi	817	52.8	18
内蒙古	Inner Mongolia	636	39.7	22
辽　宁	Liaoning	13175	189.7	8
吉　林	Jilin	3251	34.7	23
黑龙江	Heilongjiang	2581	112.2	13
上　海	Shanghai	26297	620.9	2
江　苏	Jiangsu	31427	585.6	3
浙　江	Zhejiang	12095	81.4	15
安　徽	Anhui	6951	130.8	12
福　建	Fujian	5361	54.0	17
江　西	Jiangxi	1949	43.7	19
山　东	Shandong	14405	188.6	9
河　南	Henan	3799	41.4	21
湖　北	Hubei	14909	418.7	6
湖　南	Hunan	6544	77.1	16
广　东	Guangdong	20267	535.7	4
广　西	Guangxi	693	7.3	27
海　南	Hainan	58	4.0	28
重　庆	Chongqing	5071	168.0	11
四　川	Sichuan	12799	171.7	10
贵　州	Guizhou	594	19.4	26
云　南	Yunnan	3093	43.7	20
西　藏	Tibet	/	/	/
陕　西	Shaanxi	19288	533.3	5
甘　肃	Gansu	3781	100.1	14
青　海	Qinghai	747	26.9	25
宁　夏	Ningxia	597	1.4	30
新　疆	Xinjiang	983	3.0	29

5-11 各省、自治区、直辖市技术交易情况

Technology Trade Statistics by Region

地区	Region	输出技术 Technology Output		吸纳技术 Technology Adoption	
		合同数 (项) Number of Contracts (item)	成交金额 (亿元) Value of Contract Deals (100 million yuan)	合同数 (项) Number of Contracts (item)	成交金额 (亿元) Value of Contract Deals (100 million yuan)
合计	**Total**	**294929**	**7469.1**	**294929**	**7469.1**
北京	Beijing	62755	2851.7	45408	945.4
天津	Tianjin	15664	276.2	10934	236.1
河北	Hebei	4201	31.6	6124	96.5
山西	Shanxi	817	52.8	3374	99.0
内蒙古	Inner Mongolia	631	38.7	2785	158.3
辽宁	Liaoning	12819	173.4	12446	248.2
吉林	Jilin	3252	34.7	3473	47.0
黑龙江	Heilongjiang	2578	101.8	3715	84.1
上海	Shanghai	25952	531.7	25943	432.0
江苏	Jiangsu	30724	527.5	32139	598.0
浙江	Zhejiang	12074	81.5	15331	169.8
安徽	Anhui	6951	130.8	7064	113.6
福建	Fujian	5230	44.7	6196	365.5
江西	Jiangxi	1942	43.1	2673	107.8
山东	Shandong	14263	179.4	16124	249.8
河南	Henan	3794	40.2	5556	109.6
湖北	Hubei	14701	397.6	9758	216.4
湖南	Hunan	6548	77.2	6017	109.7
广东	Guangdong	20169	529.4	23034	483.8
广西	Guangxi	694	7.3	2198	128.6
海南	Hainan	57	3.9	1036	60.9
重庆	Chongqing	4998	90.3	4564	162.5
四川	Sichuan	12754	148.6	11729	270.6
贵州	Guizhou	593	18.4	2304	36.9
云南	Yunnan	3084	42.0	4854	101.1
西藏	Tibet			553	7.2
陕西	Shaanxi	19292	533.3	14135	362.1
甘肃	Gansu	3777	100.0	4735	123.2
青海	Qinghai	747	26.9	1489	55.8
宁夏	Ningxia	597	1.4	1279	33.1
新疆	Xinjiang	984	3.0	2947	130.7
香港	Hongkong	42	4.7	893	123.5
台湾	Taiwan	38	2.1	109	7.6
澳门	Macao			42	0.3
国外	Overseas	2207	343.4	3968	994.6

5-12 计划单列市技术交易情况

Technology Trade Statistics of the Cities Listed Independently in the State Plan

地区 Region	输出技术 Technology Output			吸纳技术 Technology Adoption		
	合同数（项）Number of Contracts (item)	成交金额（亿元）Value of Contract Deals (100 million yuan)	排名 Ranking	合同数（项）Number of Contracts (item)	成交金额（亿元）Value of Contract Deals (100 million yuan)	排名 Ranking
合　计 Total	**24381**	**396.1**		**23283**	**435.8**	
大　连 Dalian	6430	36.9	2	5407	53.4	2
宁　波 Ningbo	1402	16.9	5	2377	30.1	5
厦　门 Xiamen	2607	24.8	3	2104	30.9	4
青　岛 Qingdao	3608	31.5	4	3527	36.3	3
深　圳 Shenzhen	10334	286.0	1	9868	284.9	1

5-13 副省级城市技术交易情况

Technology Trade Statistics of the Deputy Provincial Level Cities

地区 Region	输出技术 Technology Output			吸纳技术 Technology Adoption		
	合同数（项）Number of Contracts (item)	成交金额（亿元）Value of Contract Deals (100 million yuan)	排名 Ranking	合同数（项）Number of Contracts (item)	成交金额（亿元）Value of Contract Deals (100 million yuan)	排名 Ranking
合　计 Total	**92034**	**1545.3**		**63928**	**1297.3**	
沈　阳 Shenyang	5164	127.9	5	3964	76.6	7
长　春 Changchun	2679	29.5	9	2152	29.3	10
哈尔滨 Harbin	2336	86.1	7	2497	57.1	9
南　京 Nanjing	21549	169.8	4	14744	340.0	1
杭　州 Hangzhou	9164	48.3	8	6989	84.8	6
武　汉 Wuhan	12278	254.8	2	6846	130.6	4
济　南 Jinan	3459	27.7	10	3223	57.8	8
广　州 Guangzhou	6277	209.8	3	5775	90.2	5
成　都 Chengdu	10665	119.7	6	7210	214.3	3
西　安 Xi'an	18463	471.8	1	10528	216.6	2

5-14 东部地区技术交易情况
Technology Trade Statistics of the Eastern Region

地区 Region	输出技术 Technology Output			吸纳技术 Technology Adoption		
	合同数（项）Number of Contracts (item)	成交金额（亿元）Value of Contract Deals (100 million yuan)	排名 Ranking	合同数（项）Number of Contracts (item)	成交金额（亿元）Value of Contract Deals (100 million yuan)	排名 Ranking
合 计 Total	**191089**	**5057.5**		**182269**	**3637.7**	
北 京 Beijing	62755	2851.7	1	45408	945.4	1
天 津 Tianjin	15664	276.2	5	10934	236.1	7
河 北 Hebei	4201	31.6	9	6124	96.5	9
上 海 Shanghai	25952	531.7	2	25943	432.0	4
江 苏 Jiangsu	30724	527.5	4	32139	598.0	2
浙 江 Zhejiang	12074	81.5	7	15331	169.8	8
福 建 Fujian	5230	44.7	8	6196	365.5	5
山 东 Shandong	14263	179.4	6	16124	249.8	6
广 东 Guangdong	20169	529.4	3	23034	483.8	3
海 南 Hainan	57	3.9	10	1036	60.9	10

5-15 中部地区技术交易情况
Technology Trade Statistics of the Middle Region

地区 Region	输出技术 Technology Output			吸纳技术 Technology Adoption		
	合同数（项）Number of Contracts (item)	成交金额（亿元）Value of Contract Deals (100 million yuan)	排名 Ranking	合同数（项）Number of Contracts (item)	成交金额（亿元）Value of Contract Deals (100 million yuan)	排名 Ranking
合 计 Total	**34753**	**741.7**		**34442**	**756.1**	
湖 北 Hubei	14701	397.6	1	9758	216.4	1
安 徽 Anhui	6951	130.8	2	7064	113.6	2
湖 南 Hunan	6548	77.2	3	6017	109.7	3
河 南 Henan	3794	40.2	6	5556	109.6	4
江 西 Jiangxi	1942	43.1	5	2673	107.8	5
山 西 Shanxi	817	52.8	4	3374	99.0	6

5-16 西部地区技术交易情况

Technology Trade Statistics of the Western Region

地区 Region		输出技术 Technology Output			吸纳技术 Technology Adoption		
		合同数（项） Number of Contracts (item)	成交金额（亿元） Value of Contract Deals (100 million yuan)	排名 Ranking	合同数（项） Number of Contracts (item)	成交金额（亿元） Value of Contract Deals (100 million yuan)	排名 Ranking
合　计	**Total**	**48151**	**1009.9**		**53572**	**1570.1**	
重　庆	Chongqing	4998	90.3	4	4564	162.5	3
内蒙古	Inner Mongolia	631	38.7	6	2785	158.3	4
四　川	Sichuan	12754	148.6	2	11729	270.6	2
陕　西	Shaanxi	19292	533.3	1	14135	362.1	1
云　南	Yunnan	3084	42.0	5	4854	101.1	8
甘　肃	Gansu	3777	100.0	3	4735	123.2	7
新　疆	Xinjiang	984	3.0	10	2947	130.7	5
青　海	Qinghai	747	26.9	7	1489	55.8	9
贵　州	Guizhou	593	18.4	8	2304	36.9	10
广　西	Guangxi	694	7.3	9	2198	128.6	6
宁　夏	Ningxia	597	1.4	11	1279	33.1	11
西　藏	Xizang			12	553	7.2	12

5-17 东北地区技术交易情况

Technology Trade Statistics of the Northeast Region

地区 Region		输出技术 Technology Output			吸纳技术 Technology Adoption		
		合同数（项） Number of Contracts (item)	成交金额（亿元） Value of Contract Deals (100 million yuan)	排名 Ranking	合同数（项） Number of Contracts (item)	成交金额（亿元） Value of Contract Deals (100 million yuan)	排名 Ranking
合　计	**Total**	**18649**	**309.9**		**19634**	**379.3**	
辽　宁	Liaoning	12819	173.4	1	12446	248.2	1
黑龙江	Heilongjiang	2578	101.8	2	3715	84.1	2
吉　林	Jilin	3252	34.7	3	3473	47.0	3

5-18 环渤海地区技术交易情况

Technology Trade Statistics of the Bohai Sea Rim Region

地区	Region	输出技术 Technology Output			吸纳技术 Technology Adoption		
		合同数（项）Number of Contracts (item)	成交金额（亿元）Value of Contract Deals (100 million yuan)	排名 Ranking	合同数（项）Number of Contracts (item)	成交金额（亿元）Value of Contract Deals (100 million yuan)	排名 Ranking
合计	**Total**	**111150**	**3603.8**		**97195**	**2033.3**	
北京	Beijing	62755	2851.7	1	45408	945.4	1
辽宁	Liaoning	12819	173.4	4	12446	248.2	3
天津	Tianjin	15664	276.2	2	10934	236.1	4
山东	Shandong	14263	179.4	3	16124	249.8	2
内蒙古	Inner Mongolia	631	38.7	6	2785	158.3	5
河北	Hebei	4201	31.6	7	6124	96.5	7
山西	Shanxi	817	52.8	5	3374	99.0	6

5-19 长三角地区技术交易情况

Technology Trade Statistics of the Yangzi River Delta Region

地区	Region	输出技术 Technology Output			吸纳技术 Technology Adoption		
		合同数（项）Number of Contracts (item)	成交金额（亿元）Value of Contract Deals (100 million yuan)	排名 Ranking	合同数（项）Number of Contracts (item)	成交金额（亿元）Value of Contract Deals (100 million yuan)	排名 Ranking
合计	**Total**	**68750**	**1140.7**		**73413**	**1199.8**	
上海	Shanghai	25952	531.7	1	25943	432.0	2
江苏	Jiangsu	30724	527.5	2	32139	598.0	1
浙江	Zhejiang	12074	81.5	3	15331	169.8	3

5-20 珠三角地区技术交易情况

Technology Trade Statistics of the Pearl River Delta Region

地区	Region	输出技术 Technology Output			吸纳技术 Technology Adoption		
		合同数（项）Number of Contracts (item)	成交金额（亿元）Value of Contract Deals (100 million yuan)	排名 Ranking	合同数（项）Number of Contracts (item)	成交金额（亿元）Value of Contract Deals (100 million yuan)	排名 Ranking
合计	**Total**	**20211**	**534.1**		**23969**	**607.7**	
广东	Guangdong	20169	529.4	1	23034	483.8	1
香港	Hongkong	42	4.7	2	893	123.5	2
澳门	Macao			3	42	0.3	3

5-21 国家技术转移示范机构法人构成情况(按地区分类)

Distribution of Organization Type of National Technology Transfer Centers by Region

单位：个 (unit)

地区	Region	机构总数 Number of National Technology Transfer Centers	企业法人 Number of Enterprises	事业法人 Number of Public Organizations	社团法人 Number of Social Organizations	民办非企业 Number of private non-enterprise organization	内设机构 Number of Internal Organs
合 计	**Total**	**274**	**81**	**86**	**2**	**8**	**97**
东部地区	Eastern Region	157	48	43	1	6	59
中部地区	Middle Region	39	14	12			13
西部地区	Western Region	54	15	22	1	2	14
东北地区	Northeast Region	24	4	9			11
北 京	Beijing	44	18	8		2	16
天 津	Tianjin	6	1	4			1
河 北	Hebei	9	2	3			4
山 西	Shanxi	4		3			1
内 蒙 古	Inner Mongolia	1	1				
辽 宁	Liaoning	12	4	1			7
吉 林	Jiling	5		4			1
黑 龙 江	Heilongjiang	7		4			3
上 海	Shanghai	19	6	5	1		7
江 苏	Jiangsu	21	3	5			13
浙 江	Zhejiang	17	4	6		1	6
安 徽	Anhui	8	2	4			2
福 建	Fujian	8	4	2			2
江 西	Jiangxi	5	4				1
山 东	Shandong	13	4	2		2	5
河 南	Henan	4	3	1			
湖 北	Hubei	12	3	3			6
湖 南	Hunan	6	2	1			3
广 东	Guangdong	19	5	8		1	5
广 西	Guangxi	4		2		1	1
海 南	Hainan	1	1				
重 庆	Chongqing	4		3	1		
四 川	Sichuan	8	2	3		1	2
贵 州	Guizhou	1	1				
云 南	Yunnan	6	2	2			2
陕 西	Shaanxi	15	5	6			4
甘 肃	Gansu	6	2	3			1
青 海	Qinghai	2	1	1			
宁 夏	Ningxia	1					1
新 疆	Xinjiang	5	1	1			3
新疆兵团	Xinjiang Corps	1		1			
大 连*	Dalian	5	3				2
宁 波*	Ningbo	4	1	1			2
厦 门*	Xiamen	3	2				1
青 岛*	Qingdao	2	2				
深 圳*	Shenzhen	8	3	3			2

注：标"*"为计划单列市，5个计划单列市的技术转移示范机构相关数据已经涵盖在所属省份的数据中，不计入合计数。西藏没有国家技术转移示范机构，未在表中列出，后同。

5-22 国家技术转移示范机构人员构成情况(按地区分类)

Personnel Statistics of National Technology Transfer Centers by Region

单位：人 (person)

地 区	Region	总人数 Total Number of Employees	大学本科及以上 With University Education and Above	中级职称及以上 With Mid-level Professional Titles and Above	专职技术转移人员数 Number of Social Organizations	技术经纪人 Number of private non-enterprise organization
合 计	**Total**	**29462**	**24265**	**17527**	**7334**	**1821**
东部地区	Eastern Region	19211	15774	10514	3949	1023
中部地区	Middle Region	2051	1645	1213	816	214
西部地区	Western Region	7005	5796	4948	2036	447
东北地区	Northeast Region	1195	1050	852	533	137
北 京	Beijing	5542	4629	3013	836	138
天 津	Tianjin	597	502	294	197	86
河 北	Hebei	952	825	773	135	39
山 西	Shanxi	148	95	80	92	19
内 蒙 古	Inner Mongolia	15	12	12	12	13
辽 宁	Liaoning	678	618	500	333	29
吉 林	Jiling	171	139	100	87	7
黑 龙 江	Heilongjiang	346	293	252	113	101
上 海	Shanghai	2084	1678	1225	271	178
江 苏	Jiangsu	2998	2565	1901	380	129
浙 江	Zhejiang	2562	1991	1288	1181	150
安 徽	Anhui	409	312	277	175	48
福 建	Fujian	255	222	117	184	91
江 西	Jiangxi	207	168	140	51	23
山 东	Shandong	1237	906	703	376	125
河 南	Henan	337	285	221	153	31
湖 北	Hubei	783	641	395	283	36
湖 南	Hunan	167	144	100	62	57
广 东	Guangdong	2908	2434	1195	377	81
广 西	Guangxi	137	112	82	96	19
海 南	Hainan	76	22	5	12	6
重 庆	Chongqing	685	568	513	587	112
四 川	Sichuan	422	278	259	149	64
贵 州	Guizhou	30	20	20	15	
云 南	Yunnan	455	357	308	220	41
陕 西	Shaanxi	3297	2912	2621	722	97
甘 肃	Gansu	608	497	310	91	33
青 海	Qinghai	57	40	24	49	15
宁 夏	Ningxia	95	80	52	20	20
新 疆	Xinjiang	1183	902	734	69	33
新疆兵团	Xinjiang Corps	21	18	13	6	
大 连	Dalian	391	343	296	224	17
宁 波	Ningbo	509	398	318	76	43
厦 门	Xiamen	107	91	8	83	10
青 岛	Qingdao	54	47	35	49	20
深 圳	Shenzhen	390	330	163	174	24

5-23 国家技术转移示范机构促成技术转移情况(按地区分类)

Technology Transfer Promotion Statistics of National Technology Transfer Centers by Region

单位：项 (item)

地区	Region	促成项目成交总数 Total Number of Projects Traded	战略性新兴产业项目成交数量 Number of Strategic Emerging Industry Projects	公共财政项目成交数量 Number of Public Financed Projects	国际技术转移项目成交数量 Number of International Technology Transfer Projects	重大技术转移项目成交数量 Number of Key Technology Transfer Projects
合计	**Total**	**71285**	**29757**	**11911**	**2485**	**1124**
东部地区	Eastern Region	43057	17272	7341	2049	574
中部地区	Middle Region	8831	3731	1844	53	107
西部地区	Western Region	17194	8004	2380	330	403
东北地区	Northeast Region	2203	750	346	53	40
北京	Beijing	10163	3383	843	663	233
天津	Tianjin	637	149	133	17	4
河北	Hebei	1131	383	654	7	2
山西	Shanxi	688	341	41		51
内蒙古	Inner Mongolia	813	286	5		1
辽宁	Liaoning	1716	559	184	34	28
吉林	Jiling	167	104	37	17	2
黑龙江	Heilongjiang	320	87	125	2	10
上海	Shanghai	4971	2243	1171	790	157
江苏	Jiangsu	9343	5118	2094	146	53
浙江	Zhejiang	4579	1069	380	131	28
安徽	Anhui	1339	745	147	15	12
福建	Fujian	660	161	26	13	10
江西	Jiangxi	677	168	63		
山东	Shandong	3596	1563	1326	41	26
河南	Henan	269	35	25		
湖北	Hubei	4955	2167	1143	32	40
湖南	Hunan	903	275	425	6	4
广东	Guangdong	7935	3093	704	239	61
广西	Guangxi	145	23	17	14	3
海南	Hainan	42	110	10	2	
重庆	Chongqing	154	49	14	2	5
四川	Sichuan	2181	742	185	29	245
贵州	Guizhou	7	5	1		1
云南	Yunnan	799	115	524	35	20
陕西	Shaanxi	11913	6551	1400	218	113
甘肃	Gansu	746	155	157	17	
青海	Qinghai	105	31	47		1
宁夏	Ningxia	1				1
新疆	Xinjiang	193	47	13	15	2
新疆兵团	Xinjiang Corps	137		17		11
大连	Dalian	443	274	59	13	24
宁波	Ningbo	561	168	188	15	12
厦门	Xiamen	117	37	1	3	3
青岛	Qingdao	342	166	19	5	4
深圳	Shenzhen	6499	2539	123	227	3

5-23 续表 Continued

单位：千元 (1000 yuan)

地区	Region	促成项目成交总金额 Total Transaction Value of Projects Traded	战略性新兴产业项目成交金额 Transaction Value of Strategic Emerging Industry Projects	公共财政项目成交金额 Transaction Value of Public Financed Projects	国际技术转移项目成交金额 Transaction Value of International Technology Transfer Projects	重大技术转移项目成交金额 Transaction Value of Key Technology Transfer Projects
合　计	**Total**	**139796544**	**67963790**	**19481760**	**10799699**	**38142291**
东部地区	Eastern Region	78274281	35253492	4806272	9439545	20397666
中部地区	Middle Region	6716342	2837527	1008920	156024	911727
西部地区	Western Region	52567674	28772024	13290297	1001450	16441718
东北地区	Northeast Region	2238247	1100748	376271	202680	391180
北　京	Beijing	27199450	12105667	1067074	1074604	11333806
天　津	Tianjin	8210508	7731528	71000	171300	102000
河　北	Hebei	492053	226243	317387	1220	114000
山　西	Shanxi	893805	479425	358690		424594
内蒙古	Inner Mongolia	72180	35800	9000		38000
辽　宁	Liaoning	871604	502855	115951	30430	180470
吉　林	Jiling	389941	205841	26430	167950	37000
黑龙江	Heilongjiang	976702	392052	233890	4300	173710
上　海	Shanghai	16729032	863278	661587	6392405	5931260
江　苏	Jiangsu	6593488	3998273	1366052	879428	1371420
浙　江	Zhejiang	3366074	2122362	269103	132940	654200
安　徽	Anhui	1171055	514953	95860	68030	162380
福　建	Fujian	367561	186756	46379	31651	103700
江　西	Jiangxi	227056	109355	29862		
山　东	Shandong	2799305	1427621	706693	144153	392030
河　南	Henan	240180	110080	19600		
湖　北	Hubei	3622861	1374141	264019	69469	270103
湖　南	Hunan	561385	249574	240890	18525	54650
广　东	Guangdong	12513810	6590664	300497	609845	395250
广　西	Guangxi	462716	234258	23781	45266	45723
海　南	Hainan	3000	1100	500	2000	
重　庆	Chongqing	558978	171940	23590	8120	81608
四　川	Sichuan	16841068	11599862	3198073	312614	1381590
贵　州	Guizhou	90000	77000	3000		10000
云　南	Yunnan	907475	635165	247834	36895	500663
陕　西	Shaanxi	28704961	15925099	9628863	576765	14111704
甘　肃	Gansu	246710	44310	53660	15290	
青　海	Qinghai	140237	28591	82446		160
宁　夏	Ningxia	1200				1200
新　疆	Xinjiang	129400	20000	8300	6500	1860
新疆兵团	Xinjiang Corps	4412750		11750		269210
大　连	Dalian	342530	234690	59600	25500	97680
宁　波	Ningbo	688198	342098	124553	34180	344500
厦　门	Xiamen	66830	31100	2000	12000	12000
青　岛	Qingdao	838059	401291	5660	57010	78500
深　圳	Shenzhen	11092946	6138696	50652	583677	93750

5-24 国家技术转移示范机服务情况(按地区分类)

Service Statistics of National Technology Transfer Centers by Region

地　区	Region	组织交易活动 (次) Number of Trading Activities Organized (item)	组织技术转移培训 (次) Number of Technology Transfer Training Organized (item)	服务企业数量 (家) Number of Served Enterprises (unit)	解决企业需求 (项) Number of Solved Business Needs (item)
合　计	**Total**	**9878**	**293692**	**210102**	**171047**
东部地区	Eastern Region	5982	104875	154291	109811
中部地区	Middle Region	1804	66289	21167	12988
西部地区	Western Region	1803	101531	30580	44899
东北地区	Northeast Region	289	20997	4064	3349
北　京	Beijing	1402	31183	28721	22810
天　津	Tianjin	73	2220	3145	1564
河　北	Hebei	334	2541	3764	875
山　西	Shanxi	30	6437	723	626
内 蒙 古	Inner Mongolia	20	1200	833	610
辽　宁	Liaoning	134	3431	1959	2194
吉　林	Jiling	67	805	865	314
黑 龙 江	Heilongjiang	88	16761	1240	841
上　海	Shanghai	426	11846	22771	37957
江　苏	Jiangsu	717	10581	16464	15608
浙　江	Zhejiang	874	8220	12577	12300
安　徽	Anhui	1199	8470	4456	5244
福　建	Fujian	128	3952	11303	1137
江　西	Jiangxi	34	327	4776	940
山　东	Shandong	592	22042	12894	6664
河　南	Henan	17	1569	719	401
湖　北	Hubei	445	48418	8791	3074
湖　南	Hunan	79	1068	1702	2703
广　东	Guangdong	1434	12190	42549	10696
广　西	Guangxi	71	3579	2615	417
海　南	Hainan	2	100	103	200
重　庆	Chongqing	52	1054	3340	1549
四　川	Sichuan	175	19050	8549	3532
贵　州	Guizhou			30	15
云　南	Yunnan	31	2236	1943	1829
陕　西	Shaanxi	670	25148	10388	32791
甘　肃	Gansu	334	47648	1272	3112
青　海	Qinghai	197	974	932	451
宁　夏	Ningxia	5	15	35	25
新　疆	Xinjiang	247	407	360	482
新疆兵团	Xinjiang Corps	1	220	283	86
大　连	Dalian	91	971	558	829
宁　波	Ningbo	90	1198	2732	6703
厦　门	Xiamen	62	564	8243	683
青　岛	Qingdao	113	1265	1776	1028
深　圳	Shenzhen	188	2344	38361	6213

第六部分

全国生产力促进中心

The Sixth Part

Productivity Promotion Centers (PPCs) in China

6-1 全国生产力促进中心主要经济指标

Main Economic Indicators of Productivity Promotion Centers (PPCs) in China

年 份 Year	中心总数 (个) Number of Productivity Promotion Centers (unit)	总资产 (亿元) Total Assets (100 million yuan)	服务企业总数 (万个) Total Number of Serviced Enterprises (10000 unit)	中心年总服务收入 (亿元) Total Service Income (100 million yuan)	为企业增加销售额 (亿元) Enterprises Sales Income Increased by PPCs Service (100 million yuan)	为企业增加利税 (亿元) Enterprises Profits and Taxes Added by PPCs Service (100 million yuan)	为社会增加就业 (万人) Employment for Society Added (10000 person)
1998	254	13.5	1.9	2.2	177.0	18.0	5.7
1999	491	17.6	4.9	4.5	155.0	26.7	11.3
2000	581	27.8	3.4	8.9	388.0	57.0	28.0
2001	701	31.2	5.0	11.3	407.0	69.0	34.5
2002	865	61.4	7.8	10.3	300.0	45.0	48.1
2003	1071	67.0	6.5	13.6	477.0	66.0	150.2
2004	1218	77.1	9.2	18.7	642.0	88.1	175.3
2005	1270	90.6	9.7	18.4	1078.0	112.0	86.7
2006	1331	109.9	10.3	24.8	752.0	107.0	108.9
2007	1425	116.4	15.5	40.6	1299.0	193.6	110.6
2008	1532	162.5	19.0	30.4	1202.0	175.5	134.1
2009	1808	209.2	24.5	30.8	1796.8	208.2	165.8
2010	2032	157.1	24.5	38.4	1578.6	203.9	165.6
2011	2274	260.8	30.7	62.8	1918.2	284.0	180.0
2012	2281	295.3	38.0	89.0	2535.2	341.7	186.2
2013	2581*	351.0	38.7	139.1	5282.8	397.1	193.8

注：2013年，全国生产力促进中心达到2581家，上报数据的生产力促进中心有2152家，所有指标数据均为2152家上报数据的生产力中心总体数据。

6-2 生产力促进中心基本情况(按地区分类)

General Statistics of Productivity Promotion Centers by Region

地 区	Region	中心个数(个) Number of Productivity Promotion Centers (unit)	入统中心个数(个) Number of Productivity Promotion Centers to Collect Data (unit)	人员总数(人) Number of Employees (person)	总资产(千元) Total Assets (1000 yuan)	政府投入(千元) Government Investment (1000 yuan)	年总服务收入(千元) Service Income of the Year (1000 yuan)	办公面积(平方米) Office Area (sq.m)
合 计	**National Total**	**2581**	**2152**	**30765**	**35098571**	**2184362**	**13912559**	**2787162**
东部地区	Eastern Region	846	722	13341	14919865	1023742	2895720	1227945
中部地区	Middle Region	684	536	7217	12197077	386875	7457223	429708
西部地区	Western Region	781	676	8063	6673665	685090	3383299	931879
东北地区	Northeast Region	270	218	2144	1307964	88656	176317	197631
北 京	Beijing	71	38	1545	4618069	98734	473128	124118
天 津	Tianjin	122	110	1932	1783693	64891	248494	100580
河 北	Hebei	122	122	1442	652305	80247	267858	58568
山 西	Shanxi	133	90	914	202191	27812	96478	28291
内蒙古	Inner Mongolia	91	91	862	263885	45680	38416	36778
辽 宁	Liaoning	117	83	874	483061	31966	89954	81231
吉 林	Jilin	42	24	252	307798	35864	24382	11823
黑龙江	Heilongjiang	111	111	1018	517105	20826	61981	104577
上 海	Shanghai	6	5	174	127486	23723	34585	14857
江 苏	Jiangsu	69	46	871	1209553	140364	177618	80600
浙 江	Zhejiang	120	118	2071	2286674	86142	261689	211786
安 徽	Anhui	117	117	1784	6089819	35937	300994	108351
福 建	Fujian	101	85	1026	654892	156730	45157	137205
江 西	Jiangxi	137	137	1678	1013535	132851	134951	59444
山 东	Shandong	104	104	1326	959978	180154	142757	123608
河 南	Henan	113	80	784	237630	54730	160069	57283
湖 北	Hubei	121	60	1137	4111585	101476	6127240	86260
湖 南	Hunan	63	52	920	542316	34069	637492	90078
广 东	Guangdong	130	93	2927	2611026	191018	1244433	376272
广 西	Guangxi	107	84	994	774308	109512	94739	48341
海 南	Hainan	1	1	27	16189	1739		350
重 庆	Chongqing	70	44	661	1930159	118718	591643	388204
四 川	Sichuan	144	142	940	725564	59239	66267	38288
贵 州	Guizhou	98	70	759	1047588	90017	96366	175206
云 南	Yunnan	4	3	66	77166	65707	28330	10510
西 藏	Tibet	3	1	17	47300	1475		1700
陕 西	Shaanxi	87	81	1189	451391	80142	1197464	75499
甘 肃	Gansu	94	93	1420	692073	36960	1193928	71832
青 海	Qinghai	4	4	74	21947	12599	7026	3785
宁 夏	Ningxia	14	5	102	34401	9968	9541	10000
新 疆	Xinjiang	65	58	979	607883	55073	59580	71735

6-3 生产力促进中心服务情况(按地区分类)

Service Statistics of Productivity Promotion Centers by Region

地区	Region	咨询服务项次(项次) Item Times of Consultation Service (item time)	提供信息条数(条) Number of Information Provided (piece)	技术服务项次(项次) Item Times of Technological Service (item time)	培训服务人次(人次) Person Times of Training Service (person time)	中介服务项次(项次) Item Times of Intermediary Service (item time)	孵化企业服务(项次) Item Times of Incubation Service (item time)
合　计	**National Total**	**453957**	**19739330**	**570274**	**4350469**	**46264**	**31555**
东部地区	Eastern Region	89734	12323743	413764	896800	20275	12345
中部地区	Middle Region	261037	4113735	89649	1183563	13650	7437
西部地区	Western Region	81970	2358075	62125	2052397	8973	8978
东北地区	Northeast Region	21216	943777	4736	217709	3366	2795
北　京	Beijing	3140	2242744	4050	18415	374	835
天　津	Tianjin	16364	3115166	64584	33642	2400	2897
河　北	Hebei	10099	1635824	3437	245130	4932	2334
山　西	Shanxi	3895	114045	2983	236668	2922	434
内蒙古	Inner Mongolia	1822	398589	1315	123964	1514	370
辽　宁	Liaoning	7273	806182	2737	52188	2445	919
吉　林	Jilin	9198	49444	464	46386	447	1181
黑龙江	Heilongjiang	4745	88151	1535	119135	474	695
上　海	Shanghai	3147	2986	613	3668		
江　苏	Jiangsu	14982	399051	5661	76223	1367	1867
浙　江	Zhejiang	6401	3349712	12059	67745	623	1596
安　徽	Anhui	9021	273856	3630	56337	2610	591
福　建	Fujian	4845	674111	1881	49307	809	691
江　西	Jiangxi	38191	241676	66337	159715	4113	2177
山　东	Shandong	19763	700102	8735	300323	3087	1019
河　南	Henan	5414	3180834	2527	60267	945	1064
湖　北	Hubei	200786	246827	12590	641549	1469	1213
湖　南	Hunan	3730	56497	1582	29027	1591	1958
广　东	Guangdong	10993	204047	312744	102347	6683	1106
广　西	Guangxi	29503	515033	2209	1274108	759	480
海　南	Hainan						
重　庆	Chongqing	12047	634660	47969	71874	1051	727
四　川	Sichuan	19718	143717	2041	103010	1801	2915
贵　州	Guizhou	3493	99312	829	15831	356	514
云　南	Yunnan	331	6414	185	7767	236	221
西　藏	Tibet	130	125	31	113	144	
陕　西	Shaanxi	8041	166389	4676	198190	835	2420
甘　肃	Gansu	3417	70561	1403	100830	1821	512
青　海	Qinghai	769	990	193	3492	11	200
宁　夏	Ningxia	129	13642	51	7890	74	90
新　疆	Xinjiang	2570	308643	1223	145328	371	529

6-4 生产力促进中心人员情况(按地区分类)

Personnel Statistics of Productivity Promotion Centers by Region

单位：人 (person)

地　区	Region	人员数 Number of Employees	博士 Doctor	硕士 Master	学士 Bachelor	大专及以上 College and Higher Level
合　计	**National Total**	**30765**	**734**	**4042**	**17281**	**27683**
东部地区	Eastern Region	8587	361	1991	7709	12123
中部地区	Middle Region	7607	165	857	3740	6369
西部地区	Western Region	11116	117	881	4475	7184
东北地区	Northeast Region	3455	91	313	1357	2007
北　京	Beijing	1099	84	389	833	1478
天　津	Tianjin	940	36	269	1310	1795
河　北	Hebei	74	15	93	946	1301
山　西	Shanxi	2927	35	62	506	820
内蒙古	Inner Mongolia	862	38	102	441	754
辽　宁	Liaoning	1018	48	170	552	846
吉　林	Jilin	759	4	28	117	221
黑龙江	Heilongjiang	1678	39	115	688	940
上　海	Shanghai	914	3	61	79	167
江　苏	Jiangsu	920	9	139	532	824
浙　江	Zhejiang	174	101	234	1047	1800
安　徽	Anhui	661	32	189	1007	1596
福　建	Fujian	66	26	95	598	909
江　西	Jiangxi	27	28	156	726	1441
山　东	Shandong	1442	17	212	763	1226
河　南	Henan	1137	21	68	446	690
湖　北	Hubei	2071	37	209	573	1014
湖　南	Hunan	784	12	173	482	808
广　东	Guangdong	1932	69	499	1589	2599
广　西	Guangxi	102	5	138	504	889
海　南	Hainan	1026	1		12	24
重　庆	Chongqing	1784	22	130	347	600
四　川	Sichuan	1189	13	104	519	843
贵　州	Guizhou	1326	3	61	487	693
云　南	Yunnan	1317		10	47	62
西　藏	Tibet	874			9	15
陕　西	Shaanxi	994	12	97	653	1033
甘　肃	Gansu	17	19	134	793	1250
青　海	Qinghai	1420		3	55	66
宁　夏	Ningxia	252		41	51	100
新　疆	Xinjiang	979	5	61	569	879

6-5 生产力促进中心服务业绩情况(按地区分类)

Service Achievements of Productivity Promotion Centers by Region

地区	Region	服务企业数量（个）Number of Enterprises Served (unit)	为企业增加销售额（千元）Enterprises Sales Income Increased by PPCs Service (1000 yuan)	增加利税（千元）Profits and Taxes Added (1000 yuan)	为社会增加就业（人）Employ-ment Added (person)	中心总服务收入（千元）Total Service Income (1000 yuan)
合　计	**National Total**	**387218**	**528282122**	**39712583**	**1937573**	**13912559**
东部地区	Eastern Region	184186	97744908	15994632	657829	2895720
中部地区	Middle Region	83297	127130714	13586811	592887	7457223
西部地区	Western Region	89649	287241130	6301736	510962	3383299
东北地区	Northeast Region	30086	16165370	3829404	175895	176317
北　京	Beijing	13610	3288834	831673	19165	473128
天　津	Tianjin	17091	8245717	1219350	43085	248494
河　北	Hebei	20127	16608085	934128	201333	267858
山　西	Shanxi	9724	1087513	140775	55209	96478
内蒙古	Inner Mongolia	6594	796449	99099	30693	38416
辽　宁	Liaoning	17809	10968882	3336392	88784	89954
吉　林	Jilin	2323	3837750	254600	6478	24382
黑龙江	Heilongjiang	9954	1358738	238412	80633	61981
上　海	Shanghai	1099			127	34585
江　苏	Jiangsu	23376	25329824	6195026	63658	177618
浙　江	Zhejiang	24700	5985852	852087	105767	261689
安　徽	Anhui	13329	7074257	959620	53161	300994
福　建	Fujian	9680	2858272	348218	30068	45157
江　西	Jiangxi	24298	62544323	6846511	203152	134951
山　东	Shandong	28092	20207524	3764895	79531	142757
河　南	Henan	11044	5483115	864176	160088	160069
湖　北	Hubei	12417	48231818	4439422	76238	6127240
湖　南	Hunan	12485	2709689	336307	45039	637492
广　东	Guangdong	46340	15220800	1849255	115095	1244433
广　西	Guangxi	9090	7024863	562889	96409	94739
海　南	Hainan	71				
重　庆	Chongqing	17480	9647476	600549	80565	591643
四　川	Sichuan	16452	16112286	2145820	147444	66267
贵　州	Guizhou	6155	3662184	240305	29159	96366
云　南	Yunnan	1026	959152	477033	12270	28330
西　藏	Tibet	145	395780	59367	236	
陕　西	Shaanxi	15815	34814987	1555455	43480	1197464
甘　肃	Gansu	6939	211826787	269104	44474	1193928
青　海	Qinghai	1538	40563	13008	2667	7026
宁　夏	Ningxia	1719	762323	106242	4620	9541
新　疆	Xinjiang	6696	1198282	172865	18945	59580

6-6 国家级示范生产力促进中心基本情况(按地区分类)

General Statistics of State Level Model Productivity Promotion Centers by Region

地区	Region	中心个数（个）Number of Productivity Promotion Centers (unit)	人员总数（人）Number of Employees (person)	总资产（千元）Total Assets (1000 yuan)	政府投入（千元）Government Investment (1000 yuan)	年总服务收入（千元）Service Income of the Year (1000 yuan)	办公面积（平方米）Office Area (sq.m)
合　计	**National Total**	**251①**	**11023**	**11633874**	**1155990**	**2151280**	**1219463**
东部地区	Eastern Region	99	5216	5241002	560612	1199606	613233
中部地区	Middle Region	45	1860	3219510	101599	439611	160179
西部地区	Western Region	71	2608	2540248	428243	381500	346444
东北地区	Northeast Region	36	1339	633114	65536	130563	99607
北　京	Beijing	10	1089	1199580	34041	328144	93654
天　津	Tianjin	6	189	110757	14007	43596	22977
河　北	Hebei	21	669	528325	63417	153835	29669
山　西	Shanxi	7	431	128155	9533	69725	9873
内蒙古	Inner Mongolia	5	189	153501	17440	14606	20145
辽　宁	Liaoning	20	673	317766	25939	61679	52904
吉　林	Jilin	4②	106	52076	28698	19149	5695
黑龙江	Heilongjiang	12	560	263272	10899	49735	41008
上　海	Shanghai	1	107	43187	21723	18161	8385
江　苏	Jiangsu	17③	560	901728	120317	142149	30101
浙　江	Zhejiang	12	607	511746	46256	197277	58831
安　徽	Anhui	7	247	244200	12604	26361	29125
福　建	Fujian	11	514	477377	54487	33846	97218
江　西	Jiangxi	6	337	108855	30290	49408	13798
山　东	Shandong	14	550	548415	165560	121465	58617
河　南	Henan	10	315	161011	19018	127704	43534
湖　北	Hubei	8	251	2340768	13200	65958	18698
湖　南	Hunan	7	279	236521	16954	100455	45151
广　东	Guangdong	7	931	919887	40804	161133	213781
广　西	Guangxi	8	390	144303	71192	25835	16981
海　南	Hainan						
重　庆	Chongqing	8④	210	102945	42090	27494	11350
四　川	Sichuan	7	259	459681	12173	46525	7647
贵　州	Guizhou	7	242	954997	77551	58339	160363
云　南	Yunnan	2	66	74825	65707	28330	10050
西　藏	Tibet	1	17	47300	1475		1700
陕　西	Shaanxi	14⑤	576	212786	71910	102476	42717
甘　肃	Gansu	5	230	129943	16852	9314	28795
青　海	Qinghai	2	58	16646	6079	6837	3053
宁　夏	Ningxia	2	84	32576	9845	9541	9450
新　疆	Xinjiang	10⑥	287	210745	35929	52203	34193

注：

①2013年国家级示范生产力促进中心共有251家，其中7家国家级示范生产力促进中心未上报2013年报数据，各相关数据为244家生产力促进中心的汇总数据。

②由于吉林省有1家国家级示范生产力促进中心未上报2013年报数据，吉林省的数据为3家示范中心的汇总数据。

③由于江苏省有2家国家级示范生产力促进中心未上报2013年报数据，江苏省的数据为15家示范中心的汇总数据。

④由于重庆市有2家国家级示范生产力促进中心未上报2013年报数据，重庆市的数据为6家示范中心的汇总数据。

⑤由于陕西省有1家国家级示范生产力促进中心未上报2013年报数据，陕西省的数据为13家示范中心的汇总数据。

⑥由于新疆自治区有1家国家级示范生产力促进中心未上报2013年报数据，新疆自治区的数据为9家示范中心的汇总数据。

6-7 国家级示范生产力促进中心服务情况(按地区分类)

Service Statistics of State Level Productivity Promotion Centers by Region

地 区	Region	咨询服务项次(项次) Item Times of Consultation Service (item time)	提供信息条数(条) Number of Information Provided (piece)	技术服务项次(项次) Item Times of Technological Service (item time)	培训服务人次(人次) Person Times of Training Service (person time)	中介服务项次(项次) Item Times of Intermediary Service (item time)	孵化企业服务(项次) Item Times of Incubation Service (item time)
合 计	**National Total**	**194913**	**10622034**	**79703**	**1077834**	**7250**	**15485**
东部地区	Eastern Region	94164	5239143	43788	548131	3274	5897
中部地区	Middle Region	29342	3414568	18311	187129	1886	3119
西部地区	Western Region	57112	1088352	13482	249648	1020	4638
东北地区	Northeast Region	14295	879971	4122	92926	1070	1831
北 京	Beijing	2960	2108602	8278	14069	293	556
天 津	Tianjin	13273	10537	691	5027	171	1337
河 北	Hebei	6591	1399679	2840	124366	875	644
山 西	Shanxi	3487	70777	2284	83806	457	153
内蒙古	Inner Mongolia	1228	382421	1077	6534	64	58
辽 宁	Liaoning	7215	794586	2425	40336	417	569
吉 林	Jilin	2165	21265	359	5230	398	700
黑龙江	Heilongjiang	4915	64120	1338	47360	255	562
上 海	Shanghai	906	2103		2235	16	
江 苏	Jiangsu	16370	290762	4810	57896	381	1163
浙 江	Zhejiang	17592	93652	10604	19815	143	1188
安 徽	Anhui	2793	98986	1307	11892	73	200
福 建	Fujian	4503	641116	1218	30054	180	235
江 西	Jiangxi	9974	83946	1534	12744	265	262
山 东	Shandong	21761	643731	8047	267971	1022	408
河 南	Henan	5727	3085212	2267	51320	178	601
湖 北	Hubei	4261	45020	9788	17778	469	398
湖 南	Hunan	3100	30627	1131	9589	444	1505
广 东	Guangdong	10208	48961	7300	26698	193	366
广 西	Guangxi	13447	318458	1477	23185	101	222
海 南	Hainan						
重 庆	Chongqing	10977	17615	3194	14455	98	133
四 川	Sichuan	14188	74671	1199	25136	228	1250
贵 州	Guizhou	3617	62573	599	5650	84	309
云 南	Yunnan	398	6414	185	7767	83	205
西 藏	Tibet	175	125	31	113	20	
陕 西	Shaanxi	7646	69562	4199	82234	159	2084
甘 肃	Gansu	2101	11449	677	20573	30	54
青 海	Qinghai	778	660	184	2447	15	51
宁 夏	Ningxia	260	11617	51	5360	38	49
新 疆	Xinjiang	2297	132787	609	56194	100	223

6-8 国家级示范生产力促进中心人员情况(按地区分类)

Personnel Statistics of State Level Productivity Promotion Centers by Region

单位：人 (person)

地 区	Region	人员数 Number of Employees	博士 Doctor	硕士 Master	学士 Bachelor	大专及以上 College and Higher Level
合 计	**National Total**	**11023**	**296**	**1801**	**7290**	**10575**
东部地区	Eastern Region	5216	129	839	3417	4973
中部地区	Middle Region	1860	59	254	1254	1800
西部地区	Western Region	2608	43	456	1728	2503
东北地区	Northeast Region	1339	65	252	891	1299
北 京	Beijing	1089	40	217	649	1041
天 津	Tianjin	189	5	34	139	188
河 北	Hebei	669	10	61	506	637
山 西	Shanxi	431	28	44	298	416
内 蒙 古	Inner Mongolia	189	9	32	125	180
辽 宁	Liaoning	673	45	148	427	663
吉 林	Jilin	106	4	23	56	99
黑 龙 江	Heilongjiang	560	16	81	408	537
上 海	Shanghai	107	1	48	42	103
江 苏	Jiangsu	560	8	113	344	545
浙 江	Zhejiang	607	24	88	407	571
安 徽	Anhui	247	6	26	178	245
福 建	Fujian	514	12	54	351	476
江 西	Jiangxi	337	1	38	215	317
山 东	Shandong	550	10	126	332	524
河 南	Henan	315	7	34	218	306
湖 北	Hubei	251	10	41	174	247
湖 南	Hunan	279	7	71	171	269
广 东	Guangdong	931	19	98	647	888
广 西	Guangxi	390	3	111	239	379
海 南	Hainan					
重 庆	Chongqing	210	10	45	129	205
四 川	Sichuan	259	10	65	149	255
贵 州	Guizhou	242	1	38	174	236
云 南	Yunnan	66		10	47	62
西 藏	Tibet	17			9	15
陕 西	Shaanxi	576	3	72	374	538
甘 肃	Gansu	230	5	15	186	220
青 海	Qinghai	58		3	46	53
宁 夏	Ningxia	84		41	43	84
新 疆	Xinjiang	287	2	24	207	276

6-9 国家级示范生产力促进中心服务业绩情况(按地区分类)

Service Achievements of State Level Productivity Promotion Centers by Region

地　区	Region	服务企业数　量（个）Number of Enterprises Served (unit)	为企业增加销售额（千元）Enterprises Sales Income Increased by PPCs Service (1000 yuan)	增加利税（千元）Profits and Taxes Added (1000 yuan)	为社会增加就业（人）Employment Added (person)	中心总服务收入（千元）Total Service Income (1000 yuan)
合　计	**National Total**	**271299**	**146588267**	**21899736**	**779064**	**2151280**
东部地区	Eastern Region	134379	66857932	12053508	364479	1199606
中部地区	Middle Region	48386	46109471	3892189	134141	439611
西部地区	Western Region	61380	21600293	2434641	141818	381500
东北地区	Northeast Region	27154	12020571	3519398	138626	130563
北　京	Beijing	14876	1387982	535859	17281	328144
天　津	Tianjin	8769	2224789	458180	4641	43596
河　北	Hebei	15779	13334838	565210	130594	153835
山　西	Shanxi	7868	786470	85055	27915	69725
内蒙古	Inner Mongolia	5247	245682	20311	6831	14606
辽　宁	Liaoning	15867	10649451	3282606	83359	61679
吉　林	Jilin	2038	672500	144160	5850	19149
黑龙江	Heilongjiang	9249	698620	92632	49417	49735
上　海	Shanghai	941			127	18161
江　苏	Jiangsu	20497	22244489	5651171	43700	142149
浙　江	Zhejiang	21975	3861300	671588	85061	197277
安　徽	Anhui	5499	1837517	246701	16452	26361
福　建	Fujian	7737	1382562	175440	6419	33846
江　西	Jiangxi	8579	3213353	352005	14863	49408
山　东	Shandong	24196	9884191	2656963	39230	121465
河　南	Henan	9726	3724318	553727	46090	127704
湖　北	Hubei	7888	34755461	2455306	11479	65958
湖　南	Hunan	8826	1792352	199395	17342	100455
广　东	Guangdong	19609	12537781	1339097	37426	161133
广　西	Guangxi	7503	3529891	168790	10876	25835
海　南	Hainan					
重　庆	Chongqing	7171	1500111	179181	13673	27494
四　川	Sichuan	11759	6904569	684929	45720	46525
贵　州	Guizhou	4066	3036140	130933	6373	58339
云　南	Yunnan	1026	959152	477033	12270	28330
西　藏	Tibet	145	395780	59367	236	
陕　西	Shaanxi	13800	2976685	375085	26133	102476
甘　肃	Gansu	3176	390261	97359	6547	9314
青　海	Qinghai	932	8813	676	416	6837
宁　夏	Ningxia	1664	759223	105930	4380	9541
新　疆	Xinjiang	4891	893986	135047	8363	52203

第七部分

国家大学科技园

The Seventh Part

National University Science Parks

7-1 国家大学科技园主要经济指标

Main Economic Indicators of National University Science Parks

年 份 Year	大学科技园（个） Number of University Science Parks (unit)	场地面积（万平方米） Space Area (10000 sq.m)	在孵企业数（个） Number of Tenants (unit)	当年新孵企业（个） New Tenants of the Year (unit)	在孵企业总收入（亿元） Total Income of Tenants (100 million yuan)	累计毕业企业（个） Accumulated Number of Graduated Tenants (unit)	在孵企业人数（万人） Number of Employees of Tenants (10000 person)
2004	42	478.4	4978	1120	226.2	1137	6.5
2005	49	500.5	6075	1213	271.9	1320	11.0
2006	62	517.0	6720	1348	295.0	1794	13.6
2007	62	528.3	6574	1359	295.1	1958	12.9
2008	68	698.2	6173	1294	247.2	2979	12.5
2009	76	814.3	6541	1396	498.9	3673	13.9
2010	86	814.5	6617	1858	221.6	4363	12.8
2011	85	766.7	6923	1673	170.5	5137	13.1
2012	94	919.4	7369	1787	206.7	5715	13.2
2013	94	775.9*	8204	2028	262.1	6515	14.7

注：2013年因两家国家大学科技园重新规范了上报的场地面积，比2012年减少了近184万平方米，导致大学科技园的场地总面积汇总数据比2012年有较大幅度的降低。

7-2 国家大学科技园基本情况(按地区分类)

General Statistics of National University Science Parks by Region

地 区	Region	大学科技园数量 (个) Number of University Science Park (unit)	管理机构从业人员总数 (人) Total Number of Administration Employees (person)	孵化基金总额 (千元) Total Value of Incubation Fund (1000 yuan)	年末固定资产净值 (千元) Year End Net Value of Fixed Asset (1000 yuan)	场地面积 (平方米) Space Area (sq.m)
合 计	**National Total**	**94**	**2469**	**940033**	**5372129**	**7758538**
东部地区	Eastern Region	54	1452	460329	4021718	4241194
中部地区	Middle Region	10	340	283979	788339	2436182
西部地区	Western Region	17	405	71380	250197	598499
东北地区	Northeast Region	13	272	124345	311875	482663
北 京	Beijing	14	463	135914	2285764	866625
天 津	Tianjin	2	47	5000	621	162600
河 北	Hebei	1	42	6000	112102	100448
山 西	Shanxi	1	22	5000	401	17923
辽 宁	Liaoning	6	111	33700	43357	189248
吉 林	Jilin	3	37	33210	11748	66800
黑 龙 江	Heilongjiang	4	124	57435	256770	226615
上 海	Shanghai	13	397	68320	322173	872169
江 苏	Jiangsu	11	253	82750	542113	1492323
浙 江	Zhejiang	5	107	104326	230080	198727
安 徽	Anhui	1	61	153838	145228	148079
福 建	Fujian	1	10	5000	495	17158
江 西	Jiangxi	2	36	19000	89006	273780
山 东	Shandong	4	88	24020	512487	426442
河 南	Henan	1	43	10000	189485	580000
湖 北	Hubei	3	132	84560	332949	1301533
湖 南	Hunan	2	46	11581	31269	114867
广 东	Guangdong	3	45	29000	15882	104703
重 庆	Chongqing	2	29	500	6183	38437
四 川	Sichuan	5	130	44700	149431	209174
云 南	Yunnan	2	51	5000	6944	49000
陕 西	Shaanxi	4	99	17680	45415	221400
甘 肃	Gansu	3	65	3500	10846	65439
新 疆	Xinjiang	1	31		31378	15049
大 连*	Dalian	2	27	10000	10992	53357
宁 波*	Ningbo	1	33	6000	94780	60000
厦 门*	Xiamen	2	44	6880	606.64	231347
青 岛*	Qingdao	1	10	5000	495.05	17158
深 圳*	Shenzhen	1	17	4000	13995	58000

注:5个计划单列市的大学科技园相关数据已经涵盖在所属省份的大学科技园数据中，不计入合计数；内蒙古、广西、海南、贵州、西藏、青海、宁夏等7个省和自治区没有国家级大学科技园，在此没有列出，后同。

7-3 国家大学科技园人员情况(按地区分类)

Personnel Distribution of National University Science Parks by Region

单位：人 (person)

地 区	Region	管理机构从业人员总数 Total Number of Administration Employees	博士 Doctor	硕士 Master	研究生学历 Post-graduate	本科 Under-graduate	大专 Junior College	留学回国人员 Returned Overseas Scholars
合 计	**National Total**	**2469**	**150**	**581**	**623**	**1308**	**306**	**68**
东部地区	Eastern Region	1452	80	355	389	767	186	40
中部地区	Middle Region	340	13	71	73	175	57	9
西部地区	Western Region	405	22	82	85	228	41	14
东北地区	Northeast Region	272	35	73	76	138	22	5
北 京	Beijing	463	30	125	144	234	54	11
天 津	Tianjin	47	3	8	11	27	8	
河 北	Hebei	42	2	9	11	29	1	1
山 西	Shanxi	22	3	12	10	10	2	
辽 宁	Liaoning	111	14	31	31	55	5	3
吉 林	Jilin	37	8	12	20	16	1	
黑 龙 江	Heilongjiang	124	13	30	25	67	16	2
上 海	Shanghai	397	18	62	62	200	91	11
江 苏	Jiangsu	253	13	89	92	128	14	12
浙 江	Zhejiang	107	5	26	31	67	7	
安 徽	Anhui	61		13	13	27	11	1
福 建	Fujian	10	1	2	2	7		1
江 西	Jiangxi	36	2	8	10	24	2	
山 东	Shandong	88	6	19	19	54	7	3
河 南	Henan	43		1	1	23	17	2
湖 北	Hubei	132	7	23	30	64	24	2
湖 南	Hunan	46	1	14	9	27	1	4
广 东	Guangdong	45	2	15	17	21	4	1
重 庆	Chongqing	29	1	6	7	12	10	
四 川	Sichuan	130	8	33	28	73	7	4
云 南	Yunnan	51	2	10	12	31	5	1
陕 西	Shaanxi	99	5	22	20	58	6	3
甘 肃	Gansu	65	5	9	18	31	9	5
新 疆	Xinjiang	31	1	2		23	4	1
大 连	Dalian	27	5	9	9	12		2
宁 波	Ningbo	33	1	8	9	20	3	
厦 门	Xiamen	44	1	13	8	31	3	2
青 岛	Qingdao	10	1	2	2	7		1
深 圳	Shenzhen	17	1	6	7	9	1	

7-4　国家大学科技园孵化场地情况（按地区分类）

Incubation Space of National University Science Parks by Region

单位：平方米　　　　(sq.m)

地　区	Region	总面积 Total Space Area	办公用房 Space Area for Office	孵化用房 Space Area of Incubation	研发用房 Space Area of R&D	生产用房 Space Area of Manufacturing	其它 Others
合　计	**National Total**	**7758538**	**461532**	**3534096**	**935435**	**1891602**	**935873**
东部地区	Eastern Region	4241194	217203	2465636	556373	400307	601675
中部地区	Middle Region	2436182	94229	576916	275108	1300871	189059
西部地区	Western Region	598499	72160	275097	74524	126270	50448
东北地区	Northeast Region	482663	77940	216447	29430	64155	94691
北　京	Beijing	866625	37749	436497	184194	36355	171830
天　津	Tianjin	162600	5600	65000	22000	53000	17000
河　北	Hebei	100448	16000	61491	6072	13000	3885
山　西	Shanxi	17923	300	11300	2000	2000	2323
辽　宁	Liaoning	189248	7940	101427	15830	46300	17751
吉　林	Jilin	66800	2000	38400	6400	16360	3640
黑龙江	Heilongjiang	226615	68000	76620	7200	1495	73300
上　海	Shanghai	872169	67330	347961	52987	158797	245094
江　苏	Jiangsu	1492323	67866	1009959	233403	102956	78139
浙　江	Zhejiang	198727	12181	119073	7886	799	58788
安　徽	Anhui	148079	20739	27138	18771	59885	21547
福　建	Fujian	17158	415	10825	4906		1012
江　西	Jiangxi	273780	1040	75350	33800	112000	51590
山　东	Shandong	426442	7750	331851	38154	28400	20287
河　南	Henan	580000	6000	239843	138573	156442	39142
湖　北	Hubei	1301533	64782	177725	74940	939286	44800
湖　南	Hunan	114867	1368	45560	7024	31258	29657
广　东	Guangdong	104703	2312	82979	6771	7000	5641
重　庆	Chongqing	38437	2167	24849	5359	4235	1827
四　川	Sichuan	209174	7871	107747	39890	38517	15149
云　南	Yunnan	49000	1652	39114	5960		2274
陕　西	Shaanxi	221400	56500	57020	13500	65000	29380
甘　肃	Gansu	65439	2229	33059	9815	18518	1818
新　疆	Xinjiang	15049	1741	13308			
大　连	Dalian	53357	600	33557	4500	13600	1100
宁　波	Ningbo	60000	3500	49200	1100		6200
厦　门	Xiamen	231347	4900	175186	25834	15150	10277
青　岛	Qingdao	17158	415	10825	4906		1012
深　圳	Shenzhen	58000	1300	45000	3200	7000	1500

7-5 国家大学科技园在孵企业情况(按地区分类)

Incubation Statistics of National University Science Parks by Region

地区	Region	在孵企业(个) Number of Tenants (unit)	当年新孵(个) New Tenants of the Year (unit)	从业人员数(人) Number of Employees (person)	总收入(千元) Total Income (1000 yuan)	工业总产值(千元) Gross Industrial Output Value (1000 yuan)	净利润(千元) Net Profit (1000 yuan)	上缴税金(千元) Taxes Submitted (1000 yuan)
合　计	**National Total**	**8204**	**2028**	**147292**	**26206225**	**14461459**	**1711561**	**2614587**
东部地区	Eastern Region	5200	1376	84391	19427318	9491447	913677	2163231
中部地区	Middle Region	989	240	27367	2475391	1819830	206040	143691
西部地区	Western Region	1198	253	22340	2511103	1729680	314402	222053
东北地区	Northeast Region	817	159	13194	1792413	1420503	277442	85611
北　京	Beijing	1052	316	20320	4727913	2259845	133912	1513139
天　津	Tianjin	167	58	3883	406399	45368	8846	10585
河　北	Hebei	100	5	2262	537345	70972	63439	71949
山　西	Shanxi	78	19	906	81279	32164	-2046	4644
辽　宁	Liaoning	345	53	4857	1011748	796988	158335	45503
吉　林	Jilin	172	22	4098	117367	114883	24402	7301
黑龙江	Heilongjiang	300	84	4239	663299	508632	94705	32808
上　海	Shanghai	1295	418	12915	3903099	1178719	54861	101868
江　苏	Jiangsu	1466	248	25224	6433102	3856159	319397	252508
浙　江	Zhejiang	412	127	4572	392230	143534	12841	12395
安　徽	Anhui	146	44	1690	219510	147260	7280	4669
福　建	Fujian	67	32	490	24438	307996	-3181	1007
江　西	Jiangxi	160	51	3833	359431	285974	34367	28799
山　东	Shandong	381	68	7234	1172160	546544	245488	109838
河　南	Henan	110	20	4856	429120	398680	56120	27990
湖　北	Hubei	259	64	13733	1051739	711396	81695	66932
湖　南	Hunan	236	42	2349	334312	244356	28624	10657
广　东	Guangdong	260	104	7491	1830633	1082310	78076	89943
重　庆	Chongqing	135	26	2905	280636	177871	60265	39477
四　川	Sichuan	379	93	7322	1055923	632348	110427	70756
云　南	Yunnan	188	32	4730	294517	223045	6169	54726
陕　西	Shaanxi	236	24	3935	427666	396724	49542	33213
甘　肃	Gansu	177	52	2240	252740	248813	22370	9182
新　疆	Xinjiang	83	26	1208	199621	50878	65628	14699
大　连	Dalian	75	27	1087	139676	144916	52627	4422
宁　波	Ningbo	115	56	957	78360		-7946	2291
厦　门	Xiamen	117	40	1758	312040	239600	51188	13163
青　岛	Qingdao	67	32	490	24438	307996	-3181	1007
深　圳	Shenzhen	97	56	2936	1354600	1002574	61494	56246

7-6 国家大学科技园毕业企业情况(按地区分类)

General Statistics of Graduated Tenants of National University Science Parks by Region

地 区	Region	累计毕业企业 (个) Accmulated Number of Graduated Enterprises (unit)	从业人员数 (人) Number of Employees (person)	总收入 (千元) Total Income (1000 yuan)	工业总产值 (千元) Gross Industrial Output Value (1000 yuan)
合 计	**National Total**	**6515**	**279605**	**117863507**	**93257173**
东部地区	Eastern Region	4522	166052	75177472	54846059
中部地区	Middle Region	698	44525	19489937	18008889
西部地区	Western Region	741	28010	7261486	3861481
东北地区	Northeast Region	554	41018	15934612	16540744
北 京	Beijing	1278	42610	10878616	3499400
天 津	Tianjin	103	5442	935566	81563
河 北	Hebei	67	1000	49681	46132
山 西	Shanxi	21	374	21440	9008
辽 宁	Liaoning	323	34440	14251170	14848634
吉 林	Jilin	39	1742	297016	252112
黑 龙 江	Heilongjiang	192	4836	1386426	1439998
上 海	Shanghai	1098	30888	12955254	8003594
江 苏	Jiangsu	803	31462	19194477	14777996
浙 江	Zhejiang	452	15848	17456365	15870122
安 徽	Anhui	133	3418	1852718	1917489
福 建	Fujian	9	180	322000	285000
江 西	Jiangxi	239	14893	3235290	2713996
山 东	Shandong	270	15165	6622642	5944834
河 南	Henan	88	3983	599130	602890
湖 北	Hubei	173	17963	13236082	12317653
湖 南	Hunan	44	3894	545277	447853
广 东	Guangdong	442	23457	6762871	6337418
重 庆	Chongqing	93	10200	2608720	1408040
四 川	Sichuan	179	6648	1531093	536029
云 南	Yunnan	57	2381	1415191	887726
陕 西	Shaanxi	245	5977	1008042	365730
甘 肃	Gansu	121	2597	670577	663887
新 疆	Xinjiang	46	207	27863	68
大 连	Dalian	125	3526	586170	595634
宁 波	Ningbo	68	2347	986126	472594
厦 门	Xiamen	93	7303	2663810	2027781
青 岛	Qingdao	9	180	322000	285000
深 圳	Shenzhen	213	8835	3089965	2919850

第八部分

火炬计划软件产业基地

The Eighth Part

Torch Program Software Industrial Bases

8-1 软件产业基地主要经济指标

Main Economic Indicators of Software Industrial Bases

年 份 Year	软件产业基地（个）Number of Software Bases (unit)	基地总人数（万人）Total Number of Employees (10000 person)	总收入（亿元）Total Income (100 million yuan)	利税总额（亿元）Total Value of Profits and Taxes (100 million yuan)	出口创汇（亿美元）Export (100 million USD)
2003	24	31	1143.9	132.9	4.8
2004	29	44	1638.0	165.4	13.2
2005	32	65	3375.0	351.2	48.6
2006	33	78	4541.0	432.0	100.0
2007	34	90	5213.4	1,230.5	78.4
2008	35	106	6897.5	884.4	103.5
2009	35	129	7677.1	1,123.5	100.5
2010	35	148.3	9204.8	1432.5	108.5
2011	38	190.9	13661.8	1926.1	222.8
2012	39	226.8	16950.9	2407.1	273.8
2013	41*	264.2	20171.7	3046.3	295.9

注：由于1家产业基地未报送2013年年报数据，相关数据为40家软件基地的汇总数据。

8-2 软件产业基地场地情况

Space Area of Software Industrial Bases

单位：万平方米 (10000 sq.m)

软件产业基地 Software Industrial Base	规划占地面积 Planned Land Area	现有占地面积 Land Area	建筑面积 Building Area	孵化面积 Incubation Area
合　计 Total	**19385**	**10709**	**3877**	**1165**
北京软件产业基地 Beijing Software Industrial Base	1143	978	94	8
中关村软件园 Zhongguancun Software Park	263	263	206	8
天津滨海高新区软件园 Tianjin Huayuan Software Park	308	80	74	26
河北软件产业基地(石家庄) Hebei Software Base(Shijiazhuang)	57	3	10	2
山西软件园 Shanxi Software Park	100	25	63	46
内蒙古软件园 Inner Mongolia Software Park	40	3	3	3
大庆软件园 Daqing Software Park	26	26	31	21
东大软件园 Dongda Software Park	93	94	45	22
大连软件园 Dalian Software Park	2808	306	164	84
吉林软件园 Jilin Software Park	30	30	30	2
长春软件园 Changchun Software Park	100	85	70	45
上海软件园 Shanghai Software Park	212	154	166	30
江苏软件园 Jiangsu Software Park	642	51	34	21
南京软件园 Nanjing Software Park	358	350	139	11
无锡软件园 Wuxi Software Park	1000	912	306	120
苏州软件园 Suzhou Software Park	787	365	264	90
常州软件园 Changzhou Software Park	135	15	42	15
杭州高新软件园 Hangzhou Hi-tech Software Park	31	17	50	7

8-2 续表 continued

单位：万平方米 (10000 sq.m)

软件产业基地 Software Industrial Base	规划占地面积 Planned Land Area	现有占地面积 Land Area	建筑面积 Building Area	孵化面积 Incubation Area
合肥软件园 Hefei Software Park	108	37	54	18
福州软件园 Fuzhou Software Park	330	200	115	2
厦门软件园 Xiamen Software Park	100	10	10	7
江西金庐软件园 Jiangxi Jinlu Software Park	57	11	15	15
齐鲁软件园 Qilu Software Park	1680	1270	275	23
青岛软件园 Qingdao Software Park	158	71	69	30
郑州软件园 Zhenzhou Software Park	42	22	49	26
湖北软件产业基地 Hubei Software Base	180	181	150	1
长沙软件园 Changsha Software Park	1225	1225	334	50
广州软件园 Guangzhou Software Park	1496	922	196	196
深圳软件园 Shenzhen Software Park	233	14	40	24
珠海高新区软件园 Zhuhai Software Park	1350	385	128	42
南宁软件园 Nanning Software Park	69	69	15	12
天府软件园 Tianfu Software Park	1482	782	183	40
重庆软件园 Chongqing Software Park	300	100	70	40
云南软件园 Yunnan Software Park	40	3	10	5
西安软件园 Xi'an Software Park	1393	1393	138	4
兰州软件园 Lanzhou Software Park	4	4	3	3
贵阳火炬软件园 Guiyang Torch Software Park	33	14	12	12
宁波市软件与服务外包产业园 Ningbo Software Park	72	13	15	6
如皋软件园 Rugao Software Park	800	200	135	20
潍坊软件园 Weifang Software Park	100	25	68	30

8-3 软件产业基地从业人员情况

Personnel Statistics of Software Industrial Bases

单位：人 (person)

软件产业基地 Software Industrial Base	年末基地总人数 Year End Total Number of Employees of the Base	博士学历 Doctor Degree	硕士学历 Master Degree	本科学历 Bachelor Degree	大专 Junior College Degree
合　计 Total	**2641957**	**24414**	**241000**	**1566849**	**592900**
北京软件产业基地 Beijing Software Industrial Base	560621	4737	65515	300471	128345
中关村软件园 Zhongguancun Software Park	35200	1443	6617	23584	2499
天津滨海高新区软件园 Tianjin Huayuan Software Park	44628	276	1704	32868	9780
河北软件产业基地(石家庄) Hebei Software Base(Shijiazhuang)	5520	35	199	1912	2944
山西软件园 Shanxi Software Park	11800	106	490	5400	4600
内蒙古软件园 Inner Mongolia Software Park	4981	55	303	3227	1396
大庆软件园 Daqing Software Park	25023	191	1367	13963	9104
东大软件园 Dongda Software Park	20397	88	2674	15108	2278
大连软件园 Dalian Software Park	83000	664	4814	70550	6972
吉林软件园 Jilin Software Park	4280	28	210	2450	1312
长春软件园 Changchun Software Park	40880	251	2845	30248	7536
上海软件园 Shanghai Software Park	186207	2870	12567	140110	18120
江苏软件园 Jiangsu Software Park	26000	120	2640	12290	8110
南京软件园 Nanjing Software Park	52700	365	4300	19100	9210
无锡软件园 Wuxi Software Park	150000	836	5629	118485	25050
苏州软件园 Suzhou Software Park	76455	478	2686	36231	18880
常州软件园 Changzhou Software Park	14558	152	864	7262	4687
杭州高新软件园 Hangzhou Hi-tech Software Park	152609	833	15026	79521	33663

8-3 续表 continued

单位：人 (person)

软件产业基地 Software Industrial Base	年末基地总人数 Year End Total Number of Employees of the Base	博士学历 Doctor Degree	硕士学历 Master Degree	本科学历 Bachelor Degree	大专 Junior College Degree
合肥软件园 Hefei Software Park	18236	241	1458	7100	5883
福州软件园 Fuzhou Software Park	41934	80	2284	23245	12343
厦门软件园 Xiamen Software Park	41100	308	2260	23057	15475
江西金庐软件园 Jiangxi Jinlu Software Park	18233	160	951	7529	6882
齐鲁软件园 Qilu Software Park	75154	589	7272	47357	16123
青岛软件园 Qingdao Software Park	41628	390	4012	31380	5846
郑州软件园 Zhenzhou Software Park	17020	151	870	10880	4930
湖北软件产业基地 Hubei Software Base	87000	2100	11050	54780	11600
长沙软件园 Changsha Software Park	51758	733	5240	30739	15046
广州软件园 Guangzhou Software Park	150369	745	8446	80545	44926
深圳软件园 Shenzhen Software Park	218036	1009	34520	104461	59895
珠海高新区软件园 Zhuhai Software Park	34360	171	3298	18901	10879
南宁软件园 Nanning Software Park	8150	82	410	5000	720
天府软件园 Tianfu Software Park	102828	958	4209	62443	32553
重庆软件园 Chongqing Software Park	31045	431	2910	19300	8404
云南软件园 Yunnan Software Park	7772	49	318	3880	3299
西安软件园 Xi'an Software Park	131054	1365	15082	93815	20792
兰州软件园 Lanzhou Software Park	4210	45	130	2929	1106
贵阳火炬软件园 Guiyang Torch Software Park	18428	93	301	9373	5337
宁波市软件与服务外包产业园 Ningbo Software Park	24660	1065	4595	9030	5950
如皋软件园 Rugao Software Park	13600	45	348	6126	7041
潍坊软件园 Weifang Software Park	10523	76	586	2199	3384

8-4 软件产业基地软件人员分布情况

Personnel Distribution of Software Industrial Bases

单位：人 (person)

软件产业基地 Software Industrial Base	年末软件从业人数 Number of Employees in Software Companies	有5年以上(含)软件从业经验的人员 The Staff with More than 5 Years Software Experience	有2～5年(含2年)软件从业经验的人员 The Staff with 2-5 Years Software Experience	软件研发人员 R&D Personnel	测试人员 Testing Personnnel	认定的软件企业人数 Number of Employees in Identified Software Companies
合　计 **Total**	**2182985**	**561943**	**1035491**	**1347830**	**190366**	**1396687**
北京软件产业基地 Beijing Software Industrial Base	560621	102884	284617	504559	6055	452673
中关村软件园 Zhongguancun Software Park	32982	8246	23087	14608	3652	26386
天津滨海高新区软件园 Tianjin Huayuan Software Park	32743	8513	19645	21937	1098	19116
河北软件产业基地(石家庄) Hebei Software Base(Shijiazhuang)	4901	568	1817	3022	231	2981
山西软件园 Shanxi Software Park	7500	1082	1266	1880	653	4600
内蒙古软件园 Inner Mongolia Software Park	3415	1196	1012	1335	580	1022
大庆软件园 Daqing Software Park	21742	5918	7072	12361	2188	13145
东大软件园 Shenyang Software Park	20397	11676	8305	16153	2035	18350
大连软件园 Dalian Software Park	78850	14193	56772	39425	12616	39425
吉林软件园 Jilin Software Park	3500	1800	1260	1820	695	480
长春软件园 Changchun Software Park	24565	5482	14654	13750	1245	16896
上海软件园 Shanghai Software Park	117713	51242	32787	55187	7812	81021
江苏软件园 Jiangsu Software Park	25000	3800	7000	5200	4800	5500
南京软件园 Nanjing Software Park	39300	6270	11580	8442	3740	19660
无锡软件园 Wuxi Software Park	130000	35000	55000	27970	13500	54600
苏州软件园 Suzhou Software Park	35701	10658	20684	20684	6123	19542
常州软件园 Changzhou Software Park	9078	2155	4462	2965	2265	5863
杭州高新软件园 Hangzhou Hi-tech Software Park	127172	38152	63586	111802	12329	48251

8-4 续表 continued

单位：人 (person)

软件产业基地 Software Industrial Base	年末软件从业人数 Number of Employees in Software Companies	有5年以上(含)软件从业经验的人员 The Staff with More than 5 Years Software Experience	有2~5年(含2年)软件从业经验的人员 The Staff with 2-5 Years Software Experience	软件研发人员 R&D Personnel	测试人员 Testing Personnnel	认定的软件企业人数 Number of Employees in Identified Software Companies
合肥软件园 Hefei Software Park	11643	2780	5703	4687	1652	8235
福州软件园 Fuzhou Software Park	20052	10249	8190	13943	2506	13000
厦门软件园 Xiamen Software Park	36300	8910	14800	17500	4670	10416
江西金庐软件园 Jiangxi Jinlu Software Park	8629	2562	2646	3534	974	7209
齐鲁软件园 Qilu Software Park	69560	16851	32498	34891	3247	24104
青岛软件园 Qingdao Software Park	39648	7010	23417	10530	6139	38300
郑州软件园 Zhenzhou Software Park	13550	1490	8450	6010	856	9670
湖北软件产业基地 Hubei Software Base	72600	22000	36255	43500	9775	70000
长沙软件园 Changsha Software Park	49205	23618	20764	21650	3183	35575
广州软件园 Guangzhou Software Park	133807	32235	42880	57723	12805	52034
深圳软件园 Shenzhen Software Park	125846	38770	49695	89902	16290	111430
珠海高新区软件园 Zhuhai Software Park	34360	5735	15936	18149	3293	22673
南宁软件园 Nanning Software Park	6900	1790	5052	6120	1380	4968
天府软件园 Tianfu Software Park	92346	24310	45762	56196	6599	65725
重庆软件园 Chongqing Software Park	17210	5320	8103	7013	903	8531
云南软件园 Yunnan Software Park	4741	1961	2290	2519	384	4079
西安软件园 Xi'an Software Park	117266	36752	74419	68253	27258	58329
兰州软件园 Lanzhou Software Park	2107	810	1297	1120	350	1432
贵阳火炬软件园 Guiyang Torch Software Park	11434	1334	5561	1985	385	4290
宁波市软件与服务外包产业园 Ningbo Software Park	20990	4900	8850	5950	2050	9560
如皋软件园 Rugao Software Park	10940	1001	5486	7510	1903	4756
潍坊软件园 Weifang Software Park	8671	2720	2831	6045	2147	2860

8-5 软件产业基地收入情况

Income of Software Industrial Bases

单位：家、千元 (unit, 1000 yuan)

软件产业基地 Software Industrial Base	企业数 Number of Enterprises	总收入 Total Income	软件收入 Software Income	软件产品收入 Software Sales Income	新产品销售收入 New Product Sales Income	系统集成收入 System Integration Income	嵌入式系统软件收入 Embeded Software Income	软件技术服务收入 Software Service Income	自主版权软件收入 Own Copyright Software Income
合　计 Total	**33643**	**2017171645**	**1452095357**	**521494110**	**132707919**	**246589380**	**235310377**	**448586891**	**533682405**
北京软件产业基地 Beijing Software Industrial Base	3942	421063100	421063100	155449670		105218530	747470	159647430	
中关村软件园 Zhongguancun Software Park	277	121300000	29519000	7291193		5785724	1298836	15143247	
天津滨海高新区软件园 Tianjin Huayuan Software Park	946	26059342	12965010	3431860	2059115	2625985	3296377	3610788	6352855
河北软件产业基地(石家庄) Hebei Software Base(Shijiazhuang)	146	2084523	1595149	430244	55384	81732	1046767	36406	1090335
山西软件园 Shanxi Software Park	351	4151000	2290971	1665410	679454	301428	175610	148522	608443
内蒙古软件园 Inner Mongolia Software Park	180	3671390	2441304	1256044	199874	543085	125066	517109	720523
大庆软件园 Daqing Software Park	581	8948967	5865511	1957526	873842	754113	1112671	2041201	4572385
东大软件园 Dongda Software Park	16	7452753	6480628	1556389	964962	2880269	1867240	176730	1455732
大连软件园 Dalian Software Park	711	60700000	42490000	14021700	8046500	3399200	2549400	22519700	2870792
吉林软件园 Jilin Software Park	135	4253840	1716362	1273961	255240	83702	216044	142655	1584962
长春软件园 Changchun Software Park	536	10250000	6119000	1735000	805900	1445000	1128000	1811000	3825000
上海软件园 Shanghai Software Park	5495	111454231	78896632	34412367	14712360	17066727	8692420	18725118	36034761
江苏软件园 Jiangsu Software Park	420	27500000	16000000	12000000	750000	1200000	32000	2768000	11000000
南京软件园 Nanjing Software Park	490	54900000	36250000	16012000	9602000	4369200	8412100	7456700	7562600
无锡软件园 Wuxi Software Park	1522	118300000	76500000	6885000	5915000	9180000	35955000	24480000	65029000
苏州软件园 Suzhou Software Park	933	52891456	26803802	6008687	5054671	457575	19484592	852948	8097833
常州软件园 Changzhou Software Park	736	20955360	15950661	2563821	652102	453963	11963382	969495	10132288
杭州高新软件园 Hangzhou Hi-tech Software Park	1293	96213977	96213977	14549816	10377895	13755094	12134281	55774786	92735048

8-5 续表 continued

单位：家、千元 (unit, 1000 yuan)

软件产业基地 Software Industrial Base	企业数 Number of Enterprises	总收入 Total Income	软件收入 Software Income	软件产品收入 Software Sales Income	新产品销售收入 New Product Sales Income	系统集成收入 System Integration Income	嵌入式系统软件收入 Embeded Software Income	软件技术服务收入 Software Service Income	自主版权软件收入 Own Copyright Software Income
合肥软件园 Hefei Software Park	506	6080315	4388966	2735278	979505	1006044	302960	344684	1452865
福州软件园 Fuzhou Software Park	688	41095990	19782125	8136810	6062806	5420868	2899456	3324991	11935445
厦门软件园 Xiamen Software Park	930	17832000	15233004	8615180	3160482	2436470	1123910	3057444	7927480
江西金庐软件园 Jiangxi Jinlu Software Park	390	9189077	6875899	2047319	418595	2458321	852476	1517783	3425458
齐鲁软件园 Qilu Software Park	1155	96201577	71496433	44757415	13118764	7525114	9234120	9979784	36815041
青岛软件园 Qingdao Software Park	404	23882435	8881222	4615659	231034	61168	1472162	2732233	4051154
郑州软件园 Zhenzhou Software Park	309	8570000	4120000	2050000	610000	650000	570000	850000	2490000
湖北软件产业基地 Hubei Software Base	950	64500236	39012531	18610665	9289170	5947262	9628240	4826364	26372005
长沙软件园 Changsha Software Park	1465	22169986	14632190	6373752	1300245	1843655	5487071	927712	7901382
广州软件园 Guangzhou Software Park	1949	129751719	90872470	25248201	7829027	12484456	9988204	43037010	30729435
深圳软件园 Shenzhen Software Park	875	200814310	127674000	56655668	8584835	7195145	43963189	19859998	66927534
珠海高新区软件园 Zhuhai Software Park	191	27029160	19330374	5568082	554780	338421	6560267	6863604	14738930
南宁软件园 Nanning Software Park	519	5514296	4077793	2067271	462434	606916	594306	809300	337115
天府软件园 Tianfu Software Park	930	64820000	45470000	25040000	8602395	3563650	5178036	11688314	19888259
重庆软件园 Chongqing Software Park	251	20825785	17865465	1695647	1535202	30444	14915663	1223711	3940262
云南软件园 Yunnan Software Park	118	2728767	1434744	377966	182594	608449	205461	242868	574162
西安软件园 Xi'an Software Park	1380	104368240	70141980	19918200	7389604	22656280	10781260	16786240	38107803
兰州软件园 Lanzhou Software Park	103	1382030	1009830	473500	174100	392150	30210	113970	175182
贵阳火炬软件园 Guiyang Torch Software Park	430	6482453	2230700	783767	49846	545922	396058	504953	225624
宁波市软件与服务外包产业园 Ningbo Software Park	927	6400860	4577000	2167790	541000	755000	341000	1313210	171000
如皋软件园 Rugao Software Park	309	3371271	2522695	545263	325862	53908	452312	1471213	1025466
潍坊软件园 Weifang Software Park	154	2011200	1304830	509990	301340	408410	96760	289670	798245

8-6 软件产业基地出口和利税情况

Export, Profit and Taxes of Software Industrial Bases

软件产业基地 Software Industrial Base	出口创汇额（千美元） Export (1000 USD)	软件出口创汇额（千美元） Software Export (1000 USD)	净利润（千元） Net Profit (1000 Yuan)	实际上缴税额（千元） Taxes Submitted (1000 Yuan)	减免税总额（千元） Taxes Relief (1000 Yuan)	劳动者报酬（千元） Salary (1000 Yuan)
合　计 **Total**	**29587526**	**17828865**	**189792299**	**114833863**	**39500756**	**243747069**
北京软件产业基地 Beijing Software Industrial Base	3411953	3102000	40665943	26246706	9341960	86280526
中关村软件园 Zhongguancun Software Park	1168000		11660000			
天津滨海高新区软件园 Tianjin Huayuan Software Park	241176	141728	2328942	1607713	441853	2892907
河北软件产业基地(石家庄) Hebei Software Base(Shijiazhuang)	2838	2824	155570	46642	23687	139253
山西软件园 Shanxi Software Park	3904	2785	366321	246956	39224	254961
内蒙古软件园 Inner Mongolia Software Park			110605	104914	29637	156603
大庆软件园 Daqing Software Park	332991	85241	567093	284894	10325	890820
东大软件园 Dongda Software Park	348870	323210	410938	484457	123223	2956845
大连软件园 Dalian Software Park	2100000	1470000	9105000	1896850	2591200	4648000
吉林软件园 Jilin Software Park	2208	2208	420187	293500	20110	186400
长春软件园 Changchun Software Park	45000	28500	805500	462400	211400	526700
上海软件园 Shanghai Software Park	1148856	986936	8031805	17811052	8503482	15439872
江苏软件园 Jiangsu Software Park	85000	85000	1750000	1600000		770000
南京软件园 Nanjing Software Park	183590	50000	1965700	838900	251700	1975900
无锡软件园 Wuxi Software Park	2010400	226358	8527000	5188789	568608	16950000
苏州软件园 Suzhou Software Park	6219976	985569	2897419	3670994	163543	4067156
常州软件园 Changzhou Software Park	312025	241053	1286032	1259006	293581	2685320
杭州高新软件园 Hangzhou Hi-tech Software Park	1322549	1322549	14161102	6654971	2633519	14368805

8-6 续表 continued

软件产业基地 Software Industrial Base	出口创汇额（千美元） Export (1000 USD)	软件出口创汇额（千美元） Software Export (1000 USD)	净利润（千元） Net Profit (1000 Yuan)	实际上缴税额（千元） Taxes Submitted (1000 Yuan)	减免税总额（千元） Taxes Relief (1000 Yuan)	劳动者报酬（千元） Salary (1000 Yuan)
合肥软件园 Hefei Software Park	8336	1046	896401	388482	109417	432281
福州软件园 Fuzhou Software Park	219138	34052	3934926	1865036	214497	6154883
厦门软件园 Xiamen Software Park	108979	88273	2061544	429000	142310	1125025
江西金庐软件园 Jiangxi Jinlu Software Park	63727	62578	709925	477790	93909	842882
齐鲁软件园 Qilu Software Park	603995	508953	5778997	3653991	1514877	6202123
青岛软件园 Qingdao Software Park	307748	118726	1733900	867647	4329	2693390
郑州软件园 Zhenzhou Software Park	9700	5400	1190000	335000	168000	630000
湖北软件产业基地 Hubei Software Base	550000	513000	5207556	3193108	1370612	3460126
长沙软件园 Changsha Software Park	136950	95805	1170035	840025	162965	1618409
广州软件园 Guangzhou Software Park	633434	353573	15957714	6715574	1732581	14524704
深圳软件园 Shenzhen Software Park	5272971	4646107	25800301	16674410	6871264	22446373
珠海高新区软件园 Zhuhai Software Park	810754	736452	3142765	1149305	421731	3511203
南宁软件园 Nanning Software Park	34565	8521	271036	383426	12282	541327
天府软件园 Tianfu Software Park	780000	600000	5958742	1710000	691322	9475238
重庆软件园 Chongqing Software Park	88230	38004	908664	214233		457372
云南软件园 Yunnan Software Park	6593	5880	152123	149412	19119	304539
西安软件园 Xi'an Software Park	496270	496270	7753749	5724559	468563	8642827
兰州软件园 Lanzhou Software Park			113420	69778	8951	94100
贵阳火炬软件园 Guiyang Torch Software Park	8156	8156	516031	782880	96801	3046759
宁波市软件与服务外包产业园 Ningbo Software Park	431000	404600	453000	212200	64550	739800
如皋软件园 Rugao Software Park	23064	8048	665613	188792	85623	1328989
潍坊软件园 Weifang Software Park	54580	39460	200700	110470		284650

8-7 软件产业基地科技活动经费筹集情况

Science and Technology Activity Funding of Software Industrial Bases

单位：千元 (1000 yuan)

软件产业基地 Software Industrial Base	科技活动经费筹集总额 Science and Technology Activity Funding	企业资金 Enterprise Funds	金融机构贷款 Loans from Financial Institutions	政府部门资金 Government Funds	地方政府资金 Local Government Funds
合　计 **Total**	**171373716**	**86652895**	**17855676**	**12554289**	**7321536**
北京软件产业基地 Beijing Software Industrial Base	38604087				
中关村软件园 Zhongguancun Software Park	11500000				
天津滨海高新区软件园 Tianjin Huayuan Software Park	10508299	3152490	6725311	630498	630498
河北软件产业基地(石家庄) Hebei Software Base(Shijiazhuang)	9230	9230			
山西软件园 Shanxi Software Park	302948	179863	75437	47648	29389
内蒙古软件园 Inner Mongolia Software Park	238640	188610	38900	11130	9630
大庆软件园 Daqing Software Park	814392	695024	41442	77926	32936
东大软件园 Dongda Software Park	735676	603676		132000	12454
大连软件园 Dalian Software Park	2275592	1911498	113779	250315	250315
吉林软件园 Jilin Software Park	127615	89500		7954	5840
长春软件园 Changchun Software Park	674480	415410	53250	205820	90500
上海软件园 Shanghai Software Park	9852145	4190277	2757323	2212482	1329756
江苏软件园 Jiangsu Software Park	1200000	1100000	15000	20000	11000
南京软件园 Nanjing Software Park	2690100	1371950	733228	537000	491210
无锡软件园 Wuxi Software Park	13600000	9600000	2120000	1880000	1200000
苏州软件园 Suzhou Software Park	2534124	1904974	266100	111270	55970
常州软件园 Changzhou Software Park	1170250	904696	203827	61727	20323
杭州高新软件园 Hangzhou Hi-tech Software Park	9090277	7234754	267353	350004	75618

8-7 续表 continued

单位：千元 (1000 yuan)

软件产业基地 Software Industrial Base	科技活动经费筹集总额 Science and Technology Activity Funding	企业资金 Enterprise Funds	金融机构贷款 Loans from Financial Institutions	政府部门资金 Government Funds	地方政府资金 Local Government Funds
合肥软件园 Hefei Software Park	596651	451244	73732	70195	30124
福州软件园 Fuzhou Software Park	2059762	2006295	17600	35867	3649
厦门软件园 Xiamen Software Park	1996118	1865845	80893	49380	27500
江西金庐软件园 Jiangxi Jinlu Software Park	779605	523781	53431	43223	31125
齐鲁软件园 Qilu Software Park	5635759	4081201	868445	449113	193119
青岛软件园 Qingdao Software Park	41298	18355			
郑州软件园 Zhenzhou Software Park	530000	372000	133000	16000	5200
湖北软件产业基地 Hubei Software Base	3933970	2208812	519161	1097866	588932
长沙软件园 Changsha Software Park	2198186	1249734	725153	221200	188020
广州软件园 Guangzhou Software Park	9025413	8690334		335079	56380
深圳软件园 Shenzhen Software Park	22844464	21025039	381365	1044307	520842
珠海高新区软件园 Zhuhai Software Park	1765792	1627550	42890	95352	88730
南宁软件园 Nanning Software Park	765920	485000	54645	128141	98367
天府软件园 Tianfu Software Park	4062032	2500504	782014	779504	415300
重庆软件园 Chongqing Software Park	221512	205049	2000	13879	6326
云南软件园 Yunnan Software Park	227047	191474	8000	22061	17761
西安软件园 Xi'an Software Park	7650872	5206157	540844	1075018	678016
兰州软件园 Lanzhou Software Park	136874	105602	22120	9152	5124
贵阳火炬软件园 Guiyang Torch Software Park	645371	161943	9400	474029	92332
宁波市软件与服务外包产业园 Ningbo Software Park	73500	7000	44950	21550	15250
如皋软件园 Rugao Software Park	220012	105005	80000	20000	12000
潍坊软件园 Weifang Software Park	35703	13020	5083	17600	2000

8-8 软件产业基地研发支出情况

Expenditure on R&D of Software Industrial Bases

单位：千元 (1000 yuan)

软件产业基地 Software Industrial Base	科技活动经费支出总额 Expenditure on Science and Technology Activity	研究与试验发展经费支出 Expenditure on R&D	软件研发经费支出 Expenditure on Software R&D	新产品开发经费支出 Expenditure on New Product R&D
合　计 Total	**167115592**	**107971749**	**77547795**	**40671191**
北京软件产业基地 Beijing Software Industrial Base	38604087			
中关村软件园 Zhongguancun Software Park	11500000	11500000	11500000	
天津滨海高新区软件园 Tianjin Huayuan Software Park	8406639	8406639	4203320	3782988
河北软件产业基地(石家庄) Hebei Software Base(Shijiazhuang)	201750	132254	73153	44749
山西软件园 Shanxi Software Park	278359	189987	98977	79008
内蒙古软件园 Inner Mongolia Software Park	201006	167329	148923	93700
大庆软件园 Daqing Software Park	642901	513870	408764	211890
东大软件园 Dongda Software Park	604050	604050	535769	372908
大连软件园 Dalian Software Park	2184570	1580920	1104815	655874
吉林软件园 Jilin Software Park	102100	74600	29100	15288
长春软件园 Changchun Software Park	596900	502400	442100	416600
上海软件园 Shanghai Software Park	8438670	6765297	4174618	2862980
江苏软件园 Jiangsu Software Park	1180000	1050000	700000	300000
南京软件园 Nanjing Software Park	2417600	1982920	1797800	1380370
无锡软件园 Wuxi Software Park	11500000	9620000	5640000	4550000
苏州软件园 Suzhou Software Park	2293227	1627227	938382	673388
常州软件园 Changzhou Software Park	1132858	912153	692037	518367
杭州高新软件园 Hangzhou Hi-tech Software Park	10061482	6653986	6373254	378608

8-8 续表 continued

单位：千元 (1000 yuan)

软件产业基地 Software Industrial Base	科技活动经费支出总额 Expenditure on Science and Technology Activity	研究与试验发展经费支出 Expenditure on R&D	软件研发经费支出 Expenditure on Software R&D	新产品开发经费支出 Expenditure on New Product R&D
合肥软件园 Hefei Software Park	574066	375137	356352	194596
福州软件园 Fuzhou Software Park	2060199	1722752	1639204	1525613
厦门软件园 Xiamen Software Park	1410982	1186420	859656	546640
江西金庐软件园 Jiangxi Jinlu Software Park	627952	430573	375041	236811
齐鲁软件园 Qilu Software Park	5696347	4876814	3618189	2424811
青岛软件园 Qingdao Software Park	1156642	693985	416391	240094
郑州软件园 Zhenzhou Software Park	630000	480000	327000	190000
湖北软件产业基地 Hubei Software Base	3478905	2800712	2109534	1687627
长沙软件园 Changsha Software Park	1780869	1567164	1210990	979477
广州软件园 Guangzhou Software Park	9144879	7145372	7078894	5089278
深圳软件园 Shenzhen Software Park	22040292	20680441	11712362	6472521
珠海高新区软件园 Zhuhai Software Park	1753880	1349780	987980	104000
南宁软件园 Nanning Software Park	648520	367443	277584	274355
天府软件园 Tianfu Software Park	4319120	3659250	3014202	1507560
重庆软件园 Chongqing Software Park	270924	257034	182759	82526
云南软件园 Yunnan Software Park	190814	127528	96133	85819
西安软件园 Xi'an Software Park	9739884	6952840	3567109	2325885
兰州软件园 Lanzhou Software Park	53250	50311	42780	32776
贵阳火炬软件园 Guiyang Torch Software Park	149152	80116	73204	65780
宁波市软件与服务外包产业园 Ningbo Software Park	672000	608500	498000	150000
如皋软件园 Rugao Software Park	220012	172133	152133	81790
潍坊软件园 Weifang Software Park	150703	103812	91287	36515

第九部分

火炬计划特色产业基地

The Ninth Part

Torch Program Specialized Industrial Bases

9-1 火炬计划特色产业基地主要情况

General Statistics of Torch Program Specialized Industrial Bases

年　份 Year	基地数 (个) Number of Torch Industrial Bases (unit)	基地内企业数 (个) Number of Tenant Enterprises (unit)	工业总产值 (亿元) Gross Industrial Output Value (100 million yuan)	总收入 (亿元) Total Income (100 million yuan)	上缴税额 (亿元) Taxes Submitted (100 million yuan)	净利润 (亿元) Net Profit (100 million yuan)	出口创汇 (亿美元) Export (100 million USD)
2003	47	4272	3603.9	3461.5	185.1	239.2	61.2
2004	79	12050	7331.2	7181.0	362.5	465.9	154.2
2005	128	17691	11765.4	11566.2	643.4	711.6	264.3
2006	133	26563	15095.6	15003.9	806.6	938.6	347.2
2007	169	39233	21925.1	22893.4	1053.7	1348.9	578.5
2008	209	49139	29153.0	28716.0	1649.5	2006.4	792.8
2009	235	67990	37183.6	36759.2	2558.5	2712.9	836.1
2010	248	82520	47583.2	47878.5	3472.9	3659.4	1116.1
2011	288	85394	60681.6	61061.4	3606.6	4472.9	1364.6
2012	314	93128	69539.1	68648.3	3844.1	4819.8	1463.7
2013	342*	102893	81647.3	76521.4	4407.7	5563.6	1560.3

注：因1家特色产业基地没有报送2013年年报数据，年鉴中的各项指标数据为341家特色产业基地的汇总数据。

9-2 火炬计划特色产业基地经济指标(按地区分类)

Main Economic Indicators of Torch Program Specialized Industrial Bases by Region

地 区	Region	基地数 (个) Number of Torch Industrial Bases (unit)	基地内企业数 (个) Number of Enterprises (unit)	工业总产值 (千元) Gross Industrial Output Value (1000 yuan)	总收入 (千元) Total Income (1000 yuan)	上交税额 (千元) Taxes Submmitted (1000 yuan)	净利润 (千元) Net Profit (1000 yuan)	出口创汇 (千美元) Export (1000 USD)
合　计	**Total**	**342①**	**102893**	**8164725173**	**7652142388**	**440770068**	**556360932**	**156029791**
东部地区	Eastern Region	248	82724	5978168465	5713754139	329400957	431931795	141048399
中部地区	Middle Region	50	12940	979614384	927720104	42227274	44686666	11401246
西部地区	Western Region	16	3050	718347384	512750428	38361669	44627993	2301650
东北地区	Northeast Region	28	4179	488594940	497917717	30780168	35114478	1278496
北　京	Beijing	2	1666	9931730	24590436	750771	845176	68222
天　津	Tianjin	7	728	56603223	59028031	3413189	2644373	1151130
河　北	Hebei	12	2533	93724903	103379925	4216752	8654420	2646878
山　西	Shanxi	7	205	25947734	30423772	1475224	1615340	256381
内蒙古	Inner Mongolia	1	10	11748830	10550820	154020	890000	
辽　宁	Liaoning	14	2458	237932805	256118972	8201775	15030843	945674
吉　林	Jiling	5	235	82709916	77278796	5425353	8048445	54390
黑龙江	Heilongjiang	9	1486	167952219	164519949	17153040	12035190	278432
上　海	Shanghai	7	3787	154582031	160545999	7639153	10515415	2442350
江　苏	Jiangsu	97	17639	2519744088	2377351056	148740693	183352484	46498877
浙　江	Zhejiang	42	5232	763068159	731997420	43728893	53457895	19636656
安　徽	Anhui	11	2998	286032526	281341288	10181584	13855322	1924314
福　建	Fujian	11	2269	110739732	97796813	3477810	4839874	2508826
江　西	Jiangxi	2	4583	16590000	16090000	800000	1900000	820000
山　东	Shandong	41	4158	971045996	857472760	47858433	77918386	15140611
河　南	Henan	10	1028	125325461	128533271	9742535	8592274	1244146
湖　北	Hubei	13	2750	286144823	219029201	13269024	13711431	2031525
湖　南	Hunan	7	1376	239573840	252302572	6758907	5012299	5124880
广　东	Guangdong	29②	44712	1298728603	1301591699	69575263	89703772	50954849
广　西	Guangxi	1	6	11956000	9192000	78680	1	
重　庆	Chongqing	2	847	279042450	66997681	1744216	2532122	506322
四　川	Sichuan	1	43	16088685	16255995	764817	1254388	126052
贵　州	Guizhou	1	68	5963020	10911640	278720	521330	43783
陕　西	Shaanxi	5	1816	133574314	125011098	4507777	4765542	745079
甘　肃	Gansu	1	25	33853469	44497170	857262	263396	
宁　夏	Ningxia	2	64	17920267	20446889	305204	1062449	467556
新　疆	Xinjiang	2	171	208200349	208887135	29670973	33338765	412858
大　连③	Dalian	1	91	15254157	16384561	335062	953814	246189
宁　波	Ningbo	7	2196	248548153	228386048	17281866	17309857	5974661
厦　门	Xiamen	4	29	45350001	45462167	1435111	1915774	1354148
青　岛	Qingdao	1	54	874836	794532	69434	98344	54674

①因1家特色产业基地没有报送2013年年报数据，全国各项汇总数据为341家特色产业基地的汇总数据。
②因1家特色产业基地没有报送2013年年报数据，广东省各项汇总数据为28家特色产业基地的汇总数据。
③除深圳市没有火炬特色产业基地外，其他4个计划单列市的火炬特色产业基地相关数据已经涵盖在所属省份的特色产业基地数据中，不计入合计数，后同。

9-3 火炬计划特色产业基地人员分布情况(按地区分类)

Personnel Distribution of Torch Program Specialized Industrial Bases by Region

单位：人　　(person)

地 区	Region	企业从业人员总数 Total Number of Employees	大专以上 College and Higher Level	博士 Doctor	硕士 Master
合　计	**Total**	**8936837**	**2802121**	**18152**	**97030**
东部地区	Eastern Region	6806650	2051371	14303	73111
中部地区	Middle Region	1185934	401324	1939	13716
西部地区	Western Region	525759	164457	1158	5699
东北地区	Northeast Region	418494	184969	752	4504
北　京	Beijing	32312	24648	87	301
天　津	Tianjin	54516	17555	619	723
河　北	Hebei	203626	49902	531	1913
山　西	Shanxi	44025	14026	218	776
内蒙古	Inner Mongolia	13166	3265	3	45
辽　宁	Liaoning	206371	95620	366	1924
吉　林	Jiling	42387	28460	60	280
黑龙江	Heilongjiang	169736	60889	326	2300
上　海	Shanghai	129181	53823	1198	4831
江　苏	Jiangsu	2468249	782199	6706	40277
浙　江	Zhejiang	858982	206143	1230	5323
安　徽	Anhui	315476	111659	604	5919
福　建	Fujian	250851	66453	126	1376
江　西	Jiangxi	110393	8132	122	627
山　东	Shandong	836919	432035	2334	11584
河　南	Henan	222452	84133	241	922
湖　北	Hubei	293999	106291	341	2877
湖　南	Hunan	199589	77083	413	2595
广　东	Guangdong	1972014	418613	1472	6783
广　西	Guangxi	5500	850	26	16
重　庆	Chongqing	132374	39521	104	417
四　川	Sichuan	20135	7583	42	319
贵　州	Guizhou	17340	7204	6	466
陕　西	Shaanxi	124963	52078	787	3187
甘　肃	Gansu	22324	5151	12	75
宁　夏	Ningxia	21096	4735	29	104
新　疆	Xinjiang	168861	44070	149	1070
大　连	Dalian	17937	11628	64	136
宁　波	Ningbo	207719	36163	209	1333
厦　门	Xiamen	30443	9807	58	721
青　岛	Qingdao	1954	1345	68	324

第十部分

主要指标解释

The Tenth Part

Explanatory Notes on Main Indicators

主要指标解释

工业总产值：指工业企业在报告期内生产的以货币形式表现的工业最终产品和提供工业劳务活动的总价值量。由本期生产成品价值、对外加工费收入、自制半成品在制品期末期初差额价值。

本期生产成品价值：指企业在报告期生产，经检验合格的已销售和准备销售的全部工业成品（半成品）价值合计。成品价值中包括企业生产的自制设备及提供给本企业在建工程、其他非工业部门和生活福利部门等单位使用的成品价值，但不包括用订货者来料加工的成品（半成品）价值。

对外加工费收入：指企业在报告期完成的对外承做的工业品加工（包括用订货者来料加工生产）的加工费收入和对外工业品修理作业所收取的加工费收入和对内非工业部门提供的加工修理、设备安装等收入。对外加工费收入中不包括销项税额。

自制半成品在制品期末期初差额价值：为了使工业总产值与工业中间投入中的物耗价值一致，以便同口径地计算工业增加值，规定本指标的计算原则是：凡是企业会计产品成本核算中计算半成品、在制品成本，则工业总产值中必须包括自制半成品在制品期末期初差额价值。反之亦然。

总收入：指企业全年的生产产品销售收入、技术性收入和与本企业产品相关的商品的销售收入、其他业务收入、营业收入等各种收入的总和。

技术收入：指企业全年用于技术转让、技术承包、技术咨询与服务、技术入股、中试产品收入以及接受外单位委托的科研收入等。

产品销售收入：指企业全年销售全部产成品、自制半成品和提供劳务等所取得的收入。

商品销售收入：指企业销售以出售为目的而购入的非本企业生产产品的销售收入。

实际上缴税费总额：指企业实际上缴的各项税金、特种基金和附加费等。

流动资产：指企业可以在一年内或者超过一年的一个生产周期内变现或者耗用的资产，包括现金及各种存款、短期投资，应收及预付款项、存货等。

年末资产：指企业在报告年末拥有或控制的能以货币计量的经济资源，包括各种财产、债权和其他权利。资产按其流动性（即资产的变现能力和支付能力）划分为：流动资产、长期投资、固定资产、无形资产、递延资产和其他资产。

年末负债：按会计报表的流动负债与长期负债之和填写。

年末从业人员数：指在报告期末，在企业中从事劳动并取得劳动报酬或经营收入的全部劳动力。

科技活动人员合计：指企业内部直接参加科技项目以及项目的管理人员和直接服务的人员。不包括全年累计从事科技活动时间不足制度工作时间 10%的人员。

科技活动经费内部支出：指报告年内用于科技活动的实际支出，包括劳务费、科研业务费、科研管理费，非基建投资构建的固定资产、科研基建支出以及其他用于科技活动的支出。不包括生产性活动支出、归还贷款支出及转拨外单位支出。反映科技投入实际完成情况。

R&D 经费内部支出：指调查单位在报告年度用于内部开展 R&D 活动的实际支出。包括用于 R&D 项目（课题）活动的直接支出，以及间接用于 R&D 活动的管理费、服务费、与 R&D 有关的基本建设支出以及外协加工费等。不包括生产性活动支出、归还贷款支出以及与外单位合作或委托外单位进行 R&D 活动而转拨给对方的经费支出。

发明专利：指对产品、方法或者其改进所提出的新的技术方案。是国际通行的反映拥有自主知识产权技术的核心指标。

实用新型：指对产品的形状、构造或者其结合所提出的适于实用的新的技术方案。反映具有一定技术含量的技术成果情况。

外观设计：指对产品的形状、图案、色彩或者其结合所作出的富有美感并适于工业上应用的新设计。反映拥有自主知识产权的外观设计成果情况。

Explanatory Notes On Main Indicators

Gross Industrial Output Value refers to the total volume of final industrial products produced and industrial services provided during a given period in monetary terms. Gross industrial output value is composed of value of the finished products during the reference period, income from processing for external parties, and value of change in semi-finished products between the end and the beginning of the reference period.

Value of finished products during the reference period refers to the value of all finished (semi-finished) industrial products that are produced during the reference period, checked for acceptance, and sold or ready to sell, including the value of own-produced equipment and the value of products provided to the projects under construction of the enterprise, and to other non-industrial or welfare units, but excluding the value of finished products (semi-finished products) that are produced using the materials from the clients who place the orders.

Income from external processing refers to income from contracted external processing of industrial products (including processing of industrial products using materials from the clients), the income from industrial repairing work provided to other parties, and income from processing, repairing, installation of equipment provided to non-industrial units within the enterprises. Income from external processing does not include value-added tax.

Value of change in semi-finished products between the end and the beginning of the reference period is calculated according to the principle that if the enterprise accounting includes the cost of semi-finished products, then the value of change should be included in the gross industrial output value, and vice versa. This is to keep the value of goods consumption of gross industrial output value and that of industrial intermediate inputs the same, so that the industrial added value is calculated in the same caliber.

Total Income refers to the sum of various incomes such as sales of products, technology income, sales of commodities related to products of the enterprises, income from other operations, and business income.

Technology Income refers to income of enterprises from technology transfer, technology contract, technology consultation and service, technology investment, pilot product sale and income from scientific research entrusted by other units over the year.

Income of Product Sales refers to income from sales of all finished products, self-made semi-finished products and income of services provided by enterprises over the year.

Income of Commodity Sales refers to sales income from products purchased by enterprises for the purpose of sale and not produced by enterprises themselves.

Total Taxes and Fees Actually Submitted refer to various taxes, special funds and extra charges actually submitted by enterprises.

Current Assets refer to assets that can be cashed or disposed of in one year or one production period of more than one year, including cash and various deposits, short-term investment, accounts receivable or in advance payment, and inventory etc.

Assets by the end of Year refer to the economic resources that can be calculated in monetary terms held or controlled by enterprises by the end of the reference year, including property in various forms, creditor' s rights and other rights. Assets are divided into the following categories according to its liquidity (i. e., cashability and capacity to pay): current assets, long-term investments, fixed assets, intangible assets, deferred assets and other assets.

Liabilities by the end of Year refers to the sum of current liabilities and long-term liabilities in the financial statement.

Number of Employed Personnel by the end of Year refers to the number of all the labor force who is engaged in gainful employment in tenant enterprises and thus receive remuneration payment or earn business income by the end of the reference year.

Total Number of Personnel Engaged in Science and Technology Activities refers to the number of personnel in the enterprises who are directly engaged in implementation of S&T projects or management of and direct services to the projects. Excluding the personnel who commit less than 10% of their work time to S&T activities accumulatively over the year.

Intramural Expenditures on Science and Technology Activities refer to the real expenditure of surveyed units on their own S&T activities including expenditure on labor, scientific research, management of scientific research, fixed assets excluding capital construction, expenditure on infrastructure for scientific research activities and other expenditure on S&T activities. Excluding the expenditure on production activities, return of loan, and fees transferred to cooperated and entrusted agencies. This indicator reflects the actual completion status of S&T input.

Intramural Expenditure of Funds on R&D refers to the real expenditure of surveyed units on their own R&D activities including direct expenditure on R&D activities in projects, indirect expenditure of management and services on R&D activities, expenditure on capital construction and material processing by others. Excluding the expenditure on production activities, return of loan, and fees transferred to cooperated and entrusted agencies on R&D activities.

Patented Inventions refer to new technical proposals to the products or methods or their modifications. This is universal core indicator reflecting the technologies with independent intellectual property.

Patented Utility Models refer to the practical and new technical proposals on the shape and structure of the product or the combination of both. This indicator reflects the condition of technical results with certain technical content.

Designs refer to the aesthetics and industrially applicable new designs for the shape, pattern and color of the product, or their combinations. This indicator reflects the appearance design achievements with independent intellectual property.